JPC
HK

孫子兵法裏的諜報術

熊劍平 著

目錄

序言

兵書是中國古代的重要遺產，且數量龐大。據粗略統計，先秦到清代，有四千多種兵書。在云云兵書中，《孫子兵法》以其變化無窮，而成兵書中的經典，《四庫全書總目》說它是「百代談兵之祖」。它是一部兵書，但又不僅是兵書，而是有戰略高度，帶哲學色彩，側重於運用之妙的兵書，在兵書中地位最高，是經典中的經典。

《孫子兵法》誕生於約公元前五百年的春秋末期，距今有二千五百多年歷史，它是中國兵學的集大成者。全書大約六千一百字，篇幅雖短小，但內容博大精深，言簡意賅，是古老而又早熟的中華文明的代表典籍。

《孫子兵法》自誕生以來，注解者眾，《隋書．經籍志》所記，隋唐以前注釋《孫子兵法》的注家六人，他們分別是：曹操、沈友、賈詡、王凌、張子尚及孟氏等。到了隋唐，《孫子兵法》注解進入了高峰期，注解的內容和形式均有所創新，注家包括了隋代的《蕭吉注孫子》、唐代的《李筌注孫子》、《賈林注孫子》、杜佑的《通典．兵典》、《杜牧注孫子》、《陳皥注孫子》、《孫鎬注孫子》、《紀燮注孫子》等九家，佔了成書於宋的《十一家注孫子》中的五家。

這個時期已奠定了注解《孫子兵法》的兩大流派，即逐章逐句注釋的「注釋類」和援據兵法，參以史事戰例，各加論斷，收錄、論述古代用兵得失，收錄有關名將傳記、名將事跡以資借鑒的「史鑒類」。如果用一個簡單的比喻，「注釋類」是學術論文，紮實認真但沉悶異常；「史鑒類」是章回小説，有趣生動但空想居多。

在上述注解《孫子兵法》作品中，「注釋類」佔了極大部分，例如曹操注便是重名物訓詁，曹注訓解字、詞簡潔，且多能得其要旨，為後世所重。可是，他的注法也使《孫子兵法》注易流於抽象的字詞訓詁。而能稱得上「史鑒類」的，只有《李筌注孫子》和杜佑的《通典·兵典》。李筌可謂開時代之先，他注《孫子兵法》主要參照曹注，但曹注過於簡明切要，李筌在史例引入方面做了大量的工作。如《計》篇「詭道」十二策，幾乎於每條之下都注以史例。如注「故能而示之不能，用而示之不用」，「引高祖擊匈奴，派劉敬探視之例。」由此開啟了《孫子兵法》「史鑒類」的大門，到杜佑《通典·兵典》，就創建了《孫子》為緯、史例為經獨有的注解法，為後世多所採用。

而「史鑒類」也後來居上，無論是作品的數量、題材都大大超過了「注釋類」，特別是近代日本人把《孫子兵法》引入商場鬥爭後，「《孫子》金句 + 戰例」成了眾多真知灼見或更多濫竽充數的寫書方程式，此無他，作者要急就章，讀者喜歡聽故事，雙方一拍即合。

但如果視《孫子兵法》為一個嚴謹思想體系，這種分裂的金句式或雞湯式的寫書方程式，除了看時過點癮，故弄點玄虛，對讀者瞭解《孫子兵法》、認識中國兵家哲學，進而有助自身的安生立命，幫助是不大的。

若干年前，以北京大學學者李零等為代表的一派重拾了老祖宗的「注釋類」，以一字一句注解《孫子》，並增加了考古發現、中西方軍事等知識，其中最具代表性的是《兵以詐立——我讀〈孫子〉》一書。然而，「注釋類」仍是走不出「學術論文」的格局，逃不過沉悶的本質，它仍只能是小眾的盛宴。

有沒有方法兼顧「注釋類」的紮實和「史鑒類」的趣味呢？

近日，我拜讀了熊劍平教授的《孫子兵法裏的諜報術》，發現作者的另闢蹊徑使我另眼相看，他抓着「情報」這個神秘又有趣的主線，深入地闡釋《孫子兵法》「知」的思想體系，再擴及春秋戰國到近代情報工作的方方面面，歷史性、知識性和學術性兼具。我借用中國史學裏的紀事本末體，暫稱這類寫法為「紀事類」，以一事縱貫全局，既能深入又可淺出，由於作者分章論述異常嚴謹，故此，順讀和跳讀皆可，我就是由此書的附錄《孫子兵法情報思想類編》開始閱讀的，看作者如何分辨「情報蒐集」和「反情報」。

《孫子兵法裏的諜報術》試以一事縱貫全局，但全局是什麼呢？作者並沒有點破，我在此嘗試略說個人之見。

近代以來，有關《孫子兵法》傳説很多，神話更多。例如有「美國西點軍校也把這本書列為必修書目」的説法，更誇張的有「1991 年波斯灣戰爭美軍陸戰隊軍官的背囊，都有一本上級發的《孫子兵法》英譯本和一盤解釋性的錄音帶」，這些信息荒謬百出，我們簡單分析就可明白。中國自鴉片戰爭後一百年，在戰場上屢戰屢敗，敗兵之將，豈敢言勝？而作為勝方的歐美列強又怎會拜讀戰敗國的兵書呢？

由此，我們不能不回答一個問題，在二十一世紀的今天，我們讀包括情報在內的《孫子兵法》還有用嗎？

十年前，我在美國前國家安全顧問基辛格的《論中國》一書中看到啟示，他這樣寫：「美國近代在亞洲戰場上的挫折，最重要的原因是無視《孫子》的用兵原則。」中國自 1949 年後在多場和外國戰役中取勝，尤其是韓戰和越戰的表現，使美國人在東亞戰場上吃了大虧，對中國兵學自是刮目相看。其次，中國兵學立足在人性分析，建基在人和人、人和天地萬物的競爭上，即使現今的社會狀態更現代、更富裕、更方便，但只要人性、競爭性沒有改變，中國兵學的用處就能與時並進。再者，中國兵學思考性強，不拘泥於一時一地的應用，反能穿越時代，在二千多年間啟發無數成功人士的安生立命之道。

我覺得《孫子兵法》的全局不只在其用，更在其妙，它妙在這是古老又龐大文明的生存之道上。

中華文明是世上唯一未中斷的廣土巨族式古文明。如果地球是一個舞台，在數千年的人類文明史上，群雄競逐，此起彼落。但無論情況如何改變，中國都是其中一個主要的「雄」，曾經的對手如匈奴、羅馬帝國、阿拉伯帝國、蒙古、滿洲等都或亡或弱，唯獨中國是盛衰不息，唯獨中國從未離開過舞台。鴉片戰爭是中國人「三千年未有之變局」，往後一百年，中國不僅有差一點被踢出舞台之患，更有滅國滅族之虞，但經過一百多年的自強變革，那個曾經是亞洲秩序主宰的中華文明又回到原來的位置上。更何況中國是文明早、地盤大、人口多、歷史長、文化雜，全世界獨此一家。中國能歷史悠久、能大一統、並能在沒有宗教思維下建設人多既雜、地大且廣的中央集權帝國，背後就是中國兵學最核心優勢和最大特長：豐富的生存、辯證、應對和整合的知識。

熊教授的《孫子兵法裏的諜報術》，讓我們以小見大，從線到面，從情報思想觸及到中華民族最核心的優勢和最大的特長，這個「小」和「線」可供發揮的還有更多，這也是我對「紀事類」日後發展的熱切期許。

邱逸博士

香港歷史文化研究會會長

引　言

《孫子兵法》[1]是中國古代兵學經典，書中不少經典名言一直廣為流傳。其中，「知彼知己，百戰不殆」一句，突出強調了情報與戰爭的關係，也是體現《孫子》兵學思想的代表性名言，千百年來一直受到古今中外軍事家們的廣泛重視。毛澤東著名題詞——「知己知彼，百戰百勝」，正化自於此，短短八個字清晰地勾勒出孫子「由知而戰」兵學思想體系的輪廓。

情報思想是《孫子》兵學思想的重要組成部分，在孫子兵學理論體系構建中佔有舉足輕重的地位。對於這一點，中國古代的學者早已有所認識，比如宋代的鄭友賢等人。有些日本學者似乎出於對《孫子》情報思想的重視，稱《孫子》全書都是在論述情報。這種認識，明顯給人以過猶不及的感覺，但也不算太過意外。因為這部兵學經典蘊含大量情報思想，是孫子兵學思想中非常突出和重要的內容。

《孫子》的情報思想，內容非常豐富，體系非常嚴密，其主要內容可借用十三篇中的五個詞粗略概括：「廟算」、「稱勝」、「形人」、「相敵」、

1　以下除引文之外，皆簡稱《孫子》。另外，本書所稱「孫子」，除特別說明之外，皆為「孫武」。

「用間」。按照現代情報學理論，舉凡情報觀、情報蒐集、情報分析和反情報理論等，其中均有或深或淺的論述。《孫子》十三篇，邏輯完整，前後呼應，以討論「廟算」的《計篇》開始，以討論諜報的《用間篇》結尾，正是出於對情報思想的重視。《孫子》情報思想不僅內容豐富，涉及情報工作各方面的內容，而且論述非常深刻，顯示出濃厚的哲學色彩。《孫子》情報思想在歷史上產生了深刻影響，對古典情報學而言，意義非凡。明代學者茅元儀曾説：「前《孫子》者，《孫子》不遺；後《孫子》者，不能遺《孫子》。」此語簡要説明《孫子》對於古典兵學的重要意義，就古典情報思想的發生和發展而言，不失為一句非常恰當的評語。

正所謂「歷久彌新」，就構建中國特色的現代情報學理論而言，《孫子》情報思想同樣具有非常重要的借鑒意義，這一點已經被越來越多情報學研究者所認識。正是這個原因，眼下研究古代情報思想的論文越來越多，而且多集中於《孫子》。可以説，闡發《孫子》情報思想，挖掘其理論內涵和現代價值，是情報史研究和軍事史研究的一個重要論題。

《孫子》情報思想非常豐富，歷代《孫子》研究者都對相關論題有所涉及。曹操之後的歷代注家，都通過注釋《孫子》闡發和研究其情報思想，有關這方面內容，筆者將有專門之章集中介紹。下面簡要介紹一下近些年學術界研究《孫子》情報思想的總體狀況和成果。

研究《孫子》情報思想最為用力的，首推軍隊研究人員。彭理中、儲道立、張曉軍、孫建民、高金虎等研究專家，都曾投入較大精力，以不同形式推出過重要研究成果。彭理中先生所著《軍事情報學》，曾闢專門之章介紹《孫子》情報思想的主要內容、思想價值等。張曉軍先生主編的《〈武經七書〉軍事情報思想研究》及其有關研究論文，都對《孫子》情報思想有著深入研究。孫建民先生曾集中研究《孫子》情報思想，發表《早期兵學文化與孫子軍事情報思想的形成》等多篇論文，一直頗受關注；作為筆者的同門師兄，他為我相關學習和研究提供過很多幫助。高金虎先生嘗試藉助西方情報理論，重新解讀孫子的情報思想，所著《論孫子的情報思想體系》也是一篇重要研究論文。高老師是筆者的同事，也是我經常問學的老師之一，筆者的寫作與研究都曾受惠於先生，本書的寫作同樣離不開其熱心幫助，在此表示誠摯謝意。

儲道立先生是筆者的碩士生導師，長期從事相關教學工作，我在軍內外期刊發表的不少《孫子》情報思想的研究論文，都或多或少留有儲師的印記，這與他長期擔任相關教學工作不無關係。儲師本人發表的論文不多，但他對該專題的思考早已通過教學的方式，散佈在祖國各地。事實上，他的「述而不作」式研究對於本書的寫作，乃至本人的《孫子》研究等，都產生了潛移默化的影響。受惠於老師的地方很多，不敢不鄭重說明和致謝！

黃樸民先生是我的博士生導師，他曾供職軍隊十餘年，長期研究中國古代軍事史，也將《孫子》作為集中研究對象，發表相關研究論文數十篇。他對孫子情報思想的思考，雖未以專論的形式發表，卻也對筆者的研究起到了莫大的影響。包括孫建民師兄在內，想必也曾受益。對黃師的多年教誨之情，同樣需要鄭重表示感謝！

除了軍隊學者的研究之外，地方上也有不少學者曾投入大量精力集中研究《孫子》情報思想。尤其是公安戰綫的同志們、中國人民公安大學的師生們，貢獻了多篇研究論文。他們的研究思路，雖說與軍隊同志的研究路數有所不同，但研究成績非常突出，貢獻卓著，理應花更多筆墨專門介紹。幾年前，王瓊芳同志曾專門撰文《近年來孫子情報思想研究述評》[2]，

2　王瓊芳：《近年來孫子情報思想研究述評》，載《濱州學院學報》（濱州：濱州學院，2012 年），第 2 期。

對此有著較為全面的介紹，這裏不再一一列舉。

本書基於上述諸多研究專家的種種努力和探索，嘗試對《孫子》情報思想進行更為集中和更大規模的探討和分析，力求讓讀者對《孫子》及其情報思想有更為全面的瞭解和更為深刻的體驗。最後附錄《〈孫子兵法〉情報思想類編》，為有志研究相關論題的同道提供參考。

第一章

追本溯源

《孫子》情報思想的形成

《孫子》情報思想來源於春秋之前的戰爭實踐和情報鬥爭，是戰爭發展到特定歷史時期的產物，同時也是孫武對戰爭現象進行深入思考和理性總結的結果。有關這方面問題，已有專家進行過深入探討和總結。《孫子》情報思想的形成，有著深遠的歷史背景，「與早期戰爭實踐、古代哲學的水平相適應，尤其得益於早期兵學文化的深厚積澱」。[1]《孫子》系統而深刻的情報思想，揭示了戰爭的本質，冷峻地探討了詭道和情報對於戰爭的重要作用，這是該書成為不朽兵學經典的一個重要原因。《孫子》情報思想的產生，與春秋時期的戰爭文化直接相關，也與春秋時期及之前的大量情報實踐活動息息相關，是上古軍事學術逐步發展的產物。

1　孫建民：〈早期兵學文化與孫子軍事情報思想的形成〉，載《濱州學院學報》（濱州：濱州學院，2007 年），第 5 期。

一

戰爭觀的變化和戰爭文化的孕育

春秋時期，戰爭形式逐步變化，詭詐之術逐步受到重視。這種戰爭觀的變化，影響了當時的戰爭文化，也為《孫子》情報思想的誕生提供了溫牀。隨著禮崩樂壞和舊秩序的瓦解，爭霸戰爭愈演愈烈，舊的理念和信仰漸遭拋棄，戰爭觀念發生巨大變化。西周以來那種以「軍禮」來指導與制約戰爭的做法，發生了很大變化，諸如「不擒二毛」、「不殺黃口」等觀念漸漸遭到拋棄，「鳴鼓而戰」等追求堂堂之陣的戰法，也都逐步被否定，「詭詐」戰術開始得到普遍運用，「以禮為固」開始向「兵以詐立」過渡。[2]

由於過於尊奉古軍禮的戰爭觀，宋襄公在宋、楚泓水之戰（公元前638年）中屢屢坐失作戰良機，導致戰爭失利，自己也身負重傷。戰後，他為自己辯解道：君子不再傷害已經受傷的對手，不俘虜頭髮花白的士兵，不靠在險惡的地方設伏來阻擊對方，決不攻擊還沒有擺好陣勢的敵手……宋襄公所說的這些戰法，在後世兵家看來顯然都是違背常理的，甚至可以被罵作「蠢豬」[3]，但在特定的歷史背景下卻又情有可原，是上古

---

2 黃樸民：《先秦兩漢兵學文化研究》（北京：中國人民大學出版社，2010年），頁32—37。

3 毛澤東：《毛澤東選集》（北京：人民出版社，1966年），一卷本，頁482。

時期尊奉軍禮之風的遺緒。

在春秋前期，管仲尚且能夠用「尊王攘夷」等標榜道義之舉，輔佐齊桓公成功稱霸，但稍晚的宋襄公卻因為嚴格尊奉「不擒二毛」、「不鼓不成列」等古軍禮，而在泓水之戰中慘敗。說到底，這是宋襄公不能順應情勢變化所致。

對於這種情勢變化，東漢班固曾經做過簡明總結：「自春秋至於戰國，出奇設伏，變詐之兵並作。」[4] 這種情形在春秋晚期的南方地區，顯得越發明顯。南方被視為蠻夷，作戰不拘泥於中原那一套軍禮的束縛，欺敵誤敵、示形動敵等詭詐戰法在這裏得到充分而自由的發揮。吳、楚之間的幾場大戰都是充分運用變詐之術的典型戰例。比如公元前 570 年，楚軍進攻吳國時，吳軍半路截擊，大破楚軍。十年之後，當吳、楚再次交戰之時，楚軍也是通過種種誘敵之計擊敗了吳軍。很顯然，過去那些「成列而鼓」之類的戰術主張，已經被無情地拋棄。

伴隨著作戰觀念的變化，作戰方式也發生了很大變化，步戰受到廣泛的重視，車戰戰術迎來飛速發展。兩軍交戰之時，更講究軍陣的變化，追求軍陣和車、步兵力的合理配置，努力搞好戰術協同和武器裝備配置，以此來達成機動靈活的變化。由此開始，攻其無備、出其不意、欲取先予、避實就虛、巧妙設伏等戰法，也變得日益豐富。

春秋戰國之際，戰爭觀與作戰方式的發展和變化，促進了戰爭理論發生相應變化。《孫子》正是這種變化的產物。當我們將《孫子》與《司馬法》進行比較時，更能夠看出這種變化的痕跡。南宋鄭友賢在《十家注孫子遺說並序》中說：「《司馬法》以仁為本，孫武以詐立；《司馬法》以義治之，孫武以利動；《司馬法》以正，正不獲意則權，孫武以分合為變。」

4 《漢書．藝文志．兵書略序》。

這些區別正是戰爭觀念和戰爭理論不斷變化的結果。孫子順應戰爭發展，致力於兵學理論創新，終於有了孫子兵法這部重視「詭道之法」、重視「謀略用兵」兵學經典的誕生。

重視詭道，重視謀略，便不能不相應地重視情報和用間。隨著戰術的發展，情報蒐集越來越多地受到將領的重視，使用間諜，使用各種示形、動敵等情報術，漸漸成為將領們的共識。其實，甲骨卜辭中就已經有了偵察敵情、佈陣設伏等內容。《周易》中也有重視地形地貌，注意發掘地形與征伐作戰關係的內容。到了春秋時期，戰爭形式和戰爭觀念的變化，已經使孫子可以徹底擺脱古軍禮的束縛，開始堂堂正正地討論包括間計在內的各種情報謀略。可以説，孫子情報思想的誕生，與這個戰爭文化背景有著緊密的聯繫。

二

情報活動實踐的催化

上古時期豐富的軍事情報實踐和深厚的兵學文化積澱，尤其是伊尹、呂尚等人的情報實踐和謀略思想，是孫子重視情報，進而構成「知戰」這一兵學思想體系的直接源頭，也是夯實孫子情報思想這一理論大廈的重要基石。

《史記》明確記載的情報活動從夏朝末年就已經開始。當時，夏王朝的統治集團日漸腐朽，居住在黃河下游的商族悄然興起，後來終於推翻了夏王朝，建立商王朝。在商滅夏的戰爭中，伊尹和他所收集的情報起到了非常重要的作用。《孫子．用間篇》中說：「殷之興也，伊摯在夏。」其中的「伊摯」，就是伊尹。所謂「伊摯在夏」，說的就是伊尹深入敵國擔任戰略間諜，大量收集軍政情報的經歷。這些情報對於商湯成功滅夏起到了非常重要的作用。

商朝建立之後，為了監控周邊小國，曾設置了一套嚴密的監控制度。他們將軍官或駐紮邊境，或派駐方國，以此建立定期蒐集情報的機制。商族統治數百年之後，國運開始衰落，周族趁勢崛起。當商、周對決之時，呂尚所實施的情報戰和戰爭謀略起到了重要作用。《孫子．用間篇》中有「周之興也，呂牙在殷」一句，說明呂尚行間，包括呂尚對殷商的洞悉，被認為是周族興起、商族滅亡的關鍵因素。呂尚從完成情報蒐集工作到實施戰爭決策，都是親力親為和垂直領導，與伊尹有相似之處，但在戰爭謀略和情報謀略運用方面，包括情報傳遞方面，已達到了新的高度。

至於春秋時期，更是「禮崩樂壞」的動蕩時期。周王室的式微、列國的分治，導致諸強爭霸，紛爭不已。這種局面迫使各路諸侯都高度關注局勢演變，更加重視敵情蒐集工作，情報工作由此發展到一個新階段。

以秦國為例，雖地處蠻荒，但情報蒐集工作表現出很強的因時而變的能力，為戰國時期秦國因兼併天下而開展的大規模情報活動積累了經驗、奠定了基礎。秦穆公霸西戎，戰略方向的及時調整固然是一個非常重要和直接的原因，在具體的操作層面，秦穆公的善於用間和善於用人同樣非常關鍵。如由余這樣對西戎有著舉足輕重作用的重臣，被秦穆公成功策反，對最終佔據西戎起到了關鍵作用。由余對西戎的設防情況非常熟悉，帶領秦軍一路高歌猛進，非常順利地吞併了西戎十二國。秦國由此領土得到極大擴張，進一步鞏固了西方霸主地位，為後來漸漸坐大和統一中國奠定了基礎。司馬遷感歎道：「秦用由余謀伐戎王，益國十二，開地千里。」[5]

其他如晉楚爭霸、吳越爭霸過程中，爭霸各方都高度重視情報先行原則，注意做好情報蒐集工作。在晉楚爭霸的幾次重要戰爭中，雙方甚至不惜代價挖來對方重要心腹人員打探情況。晉軍大營中有苗賁皇這樣熟悉楚軍軍情的人物，楚軍這邊也有對晉軍軍情非常熟悉的伯州犁。鄢陵之戰中，伯州犁和楚王的對話，透露出了春秋時期戰場偵察的一般情形。

春秋晚期的吳越爭霸中，越國國君勾踐在戰敗之後並不氣餒，而是親自前往吳國，以充當奴隸為名，行間諜之實，忍辱偷生，臥薪嚐膽，終於擊敗了強大的對手。春秋晚期，遊說行間活動也逐漸盛行，尤以子貢和張孟談為代表。他們靠著出眾的口才，完成了艱難的行間任務，靠一己之力

---

5 《史記．秦本紀》。

改變了戰爭結果。他們的間諜行動，也都是古代情報史中非常值得關注的案例。這種情報活動需要情報人員具備出眾的口才，能夠憑借三寸不爛之舌，改變對象國的內政和外交政策，對情報人員的素質要求極高。

在孫子所處的春秋末期，重視情報、重視用間，已經成為軍事家和政治家的共識。上古到春秋，尤其是春秋時期諸侯爭霸的軍事鬥爭和情報活動，有力地促進了情報思想的繁榮和發展，如同一副很好的催化劑，催生了《孫子兵法》這部蘊含著豐富情報思想的不朽兵學經典。

三

兵學思想和情報理論的積累

春秋戰國之際的哲學思想，尤其是兵學思想的飛速發展，為孫武從更深層次思考情報工作提供了可能，也是《孫子》大量探討軍事情報思想的重要原因。

中國古代戰爭實踐非常豐富，兵學思想早在夏商時期就已經孕育並萌芽。甲骨卜辭中已經有大量有關偵察敵情、佈陣設伏及申明軍令等內容。當時的商王朝為了監管周圍小邦，甚至會通過派駐「武官」的方式及時蒐集情報，處理情況，化解危機。到了西周時期，兵學理論更是獲得長足發展。金文及《尚書》、《周易》、《詩經》、《逸周書》等典籍中，對戰爭現象和軍事問題均有不同程度的探討和總結，甚至有諸如《軍志》、《軍政》、《令典》以及《司馬法》等專門記載和論述軍事問題的著作出現。這些兵書是上古兵學理論逐步發展的產物，雖然早已亡佚，但無疑促進了孫武等後來者對於情報工作的思考。這些古代經典所提出的一系列重要的軍事原則或者合理成分，都被《孫子》吸收。比如說，《周易》主張「師出以律」，強調嚴肅軍紀，也重視地形地貌與征伐作戰的關係，對《孫子》產生了巨大影響。《軍志》中對「先發制人」和「後發制人」的辯證探討，以及對「弔民伐罪」、「德主兵輔」等戰爭觀的強調，也對孫武著作兵書產生了重大影響。

齊國素以兵學發達著稱，齊地產生的著名政治家和軍事家，如姜太公、管仲、司馬穰苴等人，都善於用兵，有的甚至留下了光耀千秋的著述。姜太公，即呂尚（姜尚），富有軍事謀略，曾幫助周武王成功滅商，建立起周王朝。姜太公善用謀略指導戰爭，並且富有實績，長期被尊奉為兵家始祖，有不少兵書都託名於他，其中最著名的要數《六韜》。春秋早期的名相管仲，同樣非常擅長權謀術，以「尊王攘夷」為旗幟，輔佐齊桓公成為春秋首霸。春秋晚期的著名軍事家司馬穰苴，活動時代略早於孫武，也曾對古代兵學理論進行系統總結，有研究專家認為他可能是孫武的祖先。司馬遷稱讚他熟諳兵法：「自古王者而有司馬法，穰苴能申明之。」[6] 這些軍事家關於兵學的理論思考和理論著作，不可避免地對孫子產生了重要啟示，也對孫子構建豐富的情報思想起到一定的影響。

略早於孫子的著名思想家老子，也對戰爭問題有過深入的思考。他的論兵理論也為《孫子》的誕生提供了重要啟示。老子「善勝敵者不與」[7] 的戰略指導，「不以兵強於天下」[8] 的境界追求，與孫子「不戰而屈人之兵」全勝戰略頗有相通之處。老子「以正治國，以奇用兵」[9] 一語充分概括了政治活動和軍事活動的不同特點，點出了軍事鬥爭崇尚奇變的本質屬性，這一觀點也得到了孫子的忠實繼承。老子「欲取先予」等謀略思想，尤其是「將欲歙之，必固張之；將欲弱之，必固強之；將欲廢之，必固興之；將欲奪之，必固與之」[10] 等謀略術，對孫子「能而示之不能，用而示之不用」[11] 等謀略思想，也有重大啟示作用。將其與孫子的「詭道十二法」進

6 《史記 · 太史公自序》。

7 《老子 · 第六十八章》。

8 《老子 · 第三十章》。

9 《老子 · 第五十二章》。

10 《老子 · 第三十六章》。

11 《孫子 · 計篇》。

行比較，不難看出二者的相似性。老子的謀略術，除了對孫子的兵學謀略起到重要影響之外，也不可避免地對孫子的情報術起到一定啟示作用。

在眾多典籍中，我們尤其需要看到《周易》情報思想對《孫子》的影響。《周易》的情報思想，尤其是《觀》卦等相關論述，是孫子情報思想另一個非常重要的淵源。

《觀》卦下坤上巽，排在六十四卦的第二十位，專論對社會民情和政治情況的觀察內容和觀察方法。所謂「觀」，就是觀察、瞭解。考察該卦卦象，巽卦是風，坤卦是地，故而有「風行地上」之象。「風行地上」實則就是比喻「大觀」和「遍觀」，要求統治者對於天地萬物和人類社會的觀察瞭解必須要如同風吹大地一樣，無所不及、無所不知、巨細無遺。

《觀》卦六爻還從「觀」的方式方法和具體內容出發，揭示了不同的人對外部世界不同的認識程度。其中，最高程度是「君子之觀」。「君子之觀」依照觀察範圍來劃分，可以分成兩個方面。一方面是對己方的瞭解，這就是六三爻辭所說的「觀我生，進退」。[12]「觀我生」說的就是要充分考察我方，即我族的各種狀況。另一方面則是「觀其生」，即對敵國的吏治和民眾情況等進行充分考察。《周易》認為，通過「觀我生」和「觀其生」，就能對本國本族和外國外族的情況有較為全面的掌握。所以說，《觀》卦既強調了「知己」，又強調了「知彼」。這一思想，無疑可視為孫子「知彼知己」情報思想的淵源：「觀我生」是《孫子》「知己」的源頭，「觀其生」則是「知彼」的源頭。當然，如果從哲學思想的發展演變來看，《周易》觀卦揭示了政治情報和政治決策的關係，而《孫子》的「知彼知己」則是揭示了軍事情報與戰爭決策的關係，《孫子》的情報哲學思想是《周易》相關認識論的邏輯發展結果。

---

12 「生」，一說庶民為生，一說生為「姓」，指部族首領。

《周易》認為，事物是運動的，是發展變化的，事物內部的矛盾運動和對立統一盡在於陰陽之間的相互作用，所以人們在觀察和認識客觀事物時，必須深入事物內部，把握事物變化的深層原因。《周易》還要求人們在事物初始階段即能察知苗頭，掌握動向，因而提出了「知幾」這一概念。所謂「知幾」，就是要求人們善於發現事物的各種苗頭，及早提出預警，從而早做準備，防患於未然。《易經》中的占卜之辭，最重要的就是占「幾」，以此求得對某事件發生之前的預測。《周易》之所以要求人們儘可能掌握事件萌芽時期的情況，就是希望能夠預見事物的發展態勢，及時做出應對。從這個角度來看，《孫子》的「知論」與《周易》的「知幾論」也有密切的聯繫。《孫子》的「知論」強調「先知」，在把握事物發展變化規律的同時，更要求預見將要發生的情況，這多少也是受到《周易》「知幾論」的影響。

《周易》對軍事問題進行了深入探討，重視情報、重視先知一向是軍事鬥爭的實際需要。但是在《周易》一書中，由「知」到「戰」的體系構建，並不十分明顯，情報的地位和作用，也不是非常突出。這既是《周易》一書的性質所決定，也是上古軍事思想的初期發展形態所致。繼承相關「知論」，再發展構建「知戰」兵學思想體系等歷史任務的完成，等待著一位傑出的兵學大師的出現。深入總結上古情報活動實踐，系統闡發古典情報理論的任務，都在等待著孫武來完成。

第二章

廟算

「廟算」一詞出自《計篇》，是該篇的中心內容，也是孫子的戰略情報分析理論的核心。《計篇》，武經七書本稱《始計篇》[1]，是十三篇的第一篇，也是最重要的一篇。該篇提綱挈領地說明了全書的中心思想。《孫子》十三篇就是講戰爭問題，研究戰爭之法，中心問題就是「先計而後戰」，也即「知戰」。其中的核心內容，用古代術語來說，就是「廟算」，用現代術語來說，就是戰略情報分析。《計篇》的中心思想就是這個。前面我們已經指出，「知戰」是孫子兵學思想體系的基本內容，《計篇》集中討論的也正是這個內容。《計篇》是十三篇的核心，是總綱。

所謂「先計而後戰」，「計」必須在先，「戰」必須在後。這就是情報先行原則，也就是明代戚繼光所說的「算定戰」。如果「先戰後計」，那就是打無準備之仗，基本是「糊塗戰」。除非是遭遇戰，一般將領都會力爭避免這樣的情形出現。孫子在開篇就強調這個問題，是基於戰爭實踐總結出的經驗之談。孫子雖然標榜和信奉戰爭是詭道行為，但也尊奉一些常規之法，尤其是一些重要的原則問題。正是這個原因，孫子才會在十三篇的開篇就大談「先計而後戰」。

---

1 武經七書本各篇篇題均為兩字，如果加上「篇」字則為三字，這應該是後人加工整理而成的。據銀雀山竹簡文獻顯示，《孫子》故本篇題或為一字或為兩字，並不整齊，十一家注本與其保持一致。日本學者櫻田本一度引起重視，曾被認為是唐以前古本，其單字篇題更多。

一

「先計而後戰」的傳統

「先計而後戰」是《漢書‧藝文志》總結出的「兵權謀」流派的特徵。漢代人將先秦的兵學流派根據其特點歸納為「四家」，也稱「兵四家」，分別為「兵權謀」、「兵形勢」、「兵陰陽」和「兵技巧」。四家之中，「兵權謀」是「將帥之學」，約略相當於戰略學。「兵形勢」側重於作戰指揮，注重用兵的陣法和部隊機動，講究精兵鋭卒，快速出擊。與「兵權謀」相比較，「兵形勢」似乎可算是戰役學。「兵陰陽」關注天時地利，重視戰機和治軍，其論注入當時的陰陽五行觀念，尤喜「假鬼神而為助」，有其唯心一面，但其推演勝負諸因素之生克關係，似亦存有辯證思維。漢代以後，一些兵書中充斥著很多荒誕不經的內容，比如望氣、遁甲之類，便是「兵陰陽」中糟粕一面的惡性發展。相比之下，「兵技巧」一派則非常實在，他們不尚空談，注重士卒的軍事素質、部隊的訓練教範、戰鬥的隊列行陣及器械裝備的操練。如果説「兵權謀」是「將帥之學」，那麼「兵技巧」則可視為「士兵之學」。

「兵四家」中，「兵權謀」的成就最高，影響最為深遠。《漢書‧藝文志》曾這樣總結評價「兵權謀」：

> 權謀者，以正守國，以奇用兵，先計而後戰，兼形勢，包陰陽，用技巧者也。

由此可見，按照「兵權謀」的相關特徵總結，它不僅層次高，而且包含「兵形勢」、「兵陰陽」、「兵技巧」諸家的學說和思想。[2]

以往我們習慣把《吳孫子兵法》當成《孫子》，因而把《孫子》當成兵權謀中的第一家。其實《孫子》並不符合「兵權謀」的相關定義，因為《孫子》十三篇中並沒有甚麼「兵技巧」的內容，「兵陰陽」——按照歷史學者李零的研究，最多也只是留有一些「痕跡」罷了。[3] 也就是說，《孫子》十三篇從總體內容上看，並不具備「兼形勢，包陰陽，用技巧」的特徵，《孫子》也應當不是我們習慣認為的那個《吳孫子兵法》。[4]

《孫子》不符合「兵權謀」當中的「兼形勢，包陰陽，用技巧」的特徵，卻符合「先計而後戰」的特徵，也符合「以正守國，以奇用兵」的特徵。為甚麼這麼說？就是從《計篇》等實際思想內容出發所做出的考察。僅就《計篇》來看，僅就作者將《計篇》作為十三篇的第一篇這種篇次設置來看，《孫子》也是高度強調「先計而後戰」。而《計篇》等篇章都大談謀略之法，正是體現了「以奇用兵」的特點。

這裏所說的「正」與「奇」、「計」與「戰」，是兩組互相對應的概念，這四個概念都值得關注。「正」，這裏指的是守國，而不是治國，這是軍事家和政治家的不同之處。政治家的治國，研究的是治國安邦之策；軍事家的守國，關心的是國家領土安全不受外敵侵犯。為此，「兵權謀」要求軍隊和國防力量的建設不僅要遵循客觀規律，而且更要注重戰略形勢的客

2 這種分類按照今天的邏輯學來看，是存在問題的。因為各個子項目並不是對等的，其內涵甚至存在明顯的交叉現象。這種分類，打個比方說，就相當於我們把地球上的人類分作三類：一類是人，一類是男人，一類是女人，其中第一類包含了後面兩類。這樣簡單類比，就可以知道漢代相關兵四家的分類存在問題。

3 李零：《吳孫子發微》（北京：中華書局，1997 年），頁 15。

4 熊劍平：《〈孫子〉著錄考》，載《軍事歷史》（北京：中國人民解放軍軍事科學院，2010 年），第 3 期。

觀分析和理性的軍事決策，在籌劃戰爭與決定是否開戰之時，首先要考量敵我雙方影響戰爭勝負的基本要素，這就是以孫子為代表的「兵權謀家」的「正」。等到實際作戰之時，則格外強調「奇」，亦即強調詭道用兵，注重謀略的運用。「正」，需要的是理性思維和邏輯分析；「奇」，需要的是變異思維和打破常規。「正」與「奇」，反映了兵家在軍事鬥爭的兩個不同方面的特質：一是在戰前的戰略分析和戰爭決策階段，這理所當然地需要強調「正」；二是在戰爭進行過程中的戰場指揮和實施作戰的階段，這順理成章地需要強調「奇」。這兩種不同概念，合在一起又叫「先計而後戰」，有時間上的先後順序。需要說明的是，這裏的「計」，是計算、計數的意思，而非計謀、計策之意，二者意思相近，但是前者可能包含了後者，不可混為一談。

從這個角度來看，我們雖不把《孫子》當成是「兵權謀」中的《吳孫子兵法》，但仍然願意將其認定為「兵權謀」一派，原因很簡單：孫子的兵學思想中明顯體現出「以正守國，以奇用兵，先計而後戰」的兵學特點。

《計篇》開篇便強調戰爭是「大事」：

> 兵者，國之大事也。死生之地，存亡之道，不可不察也。

「大事」是人們容易忽略的一個詞語。在先秦時代，所謂「大事」是相對固定的，具有特指意義。《左傳 · 成公十三年》說：「國之大事，在祀與戎。」就是說，古代的國家大事只有兩件：祭祀和戰爭。君主在宗廟祭祀先祖，看起來似乎是迷信，實則是一項重大政治活動，它等於告訴祖先，政權依然在手，國家仍然存在。

除了祭祀之外，另一件大事便是戰爭。無論甚麼朝代，戰爭問題都關係當權者的生死和國家的存亡。正是在這個層面上，古人才把戰爭與祭祀同列為國家的頭等大事。也正是在這個層面上，孫子才說「不可不察」。

一個「察」字，反映出了孫子對於戰爭問題的慎重態度，同時也引出了孫子的戰略情報分析理論。

從總體上看，《計篇》可分為兩大部分。第一部分論述「廟算」理論，用孫子自己的話來説，可以用一個「察」字概括，也可以用一個「計」字（計算、計數之意）來概括。中心內容是「五事」和「七計」，亦即分析敵我雙方影響戰爭勝負的基本方面，論述開戰之前最高統治集團應該怎樣進行戰略情報評估並做出決策，實際上也就是《漢書 · 藝文志》所説的「以正守國」。

第二部分論述「詭道」思想。《計篇》中説：「兵者，詭道也。」這是孫子對戰爭的特質所下的定義。所謂「詭道」，絕非單指欺騙或欺詐。誠然，孫子説過「兵以詐立」，但是，這裏的「詭道」含義更深更廣。把詭道狹隘地解釋為欺騙和欺詐，恐怕只是淺層理解。從軍事上説，舉凡非常規之戰法，一切與野戰教範、作戰條例、常規戰術不相脗合，不合常理而出人意料的軍事思維與創造性的作戰指揮，都是「詭道」的內涵。這一部分的內容，用孫子自己的話來説，可以用一個「為」字概括，也可以用一個「戰」字概括。中心內容是「詭道十二勢」（也有人認為是「十四勢」），論述指揮員在戰場上必須因利制權，造勢勝敵，實際上就是《漢書 · 藝文志》所説的「以奇用兵」。

連接「廟算」和「詭道」這兩部分的過渡句是「計利以聽，乃為之勢」，在全篇的結構上起承上啟下作用。我們不可小視這句話，因為它反映了孫子軍事思想中關於籌劃戰爭的不可忽視的程序。這句話的意思是説，經過戰前的戰略情報分析和綜合評估，如果作戰對我方有利且君主採納了意見，那麼下一步才是把會議上分析得出的勝算，通過戰場上的謀略用兵轉化成為現實。[5]

孫子注重從總體上籌劃戰爭，首先要把握戰略分析（廟算）和作戰指導（詭道）這兩大決定戰爭勝負的根本要素。孫子規定的「廟算」，亦即戰略分析，依賴冷靜、客觀、理性的邏輯分析（「計利」），目的是預測勝負。孫子所揭示的「詭道」，亦即作戰指導，需要主觀努力和創造性地謀略用兵（「為勢」），目的是爭取勝利。這兩大要素之間也有個先後順序，必須先「計利」，後「為勢」，這才能把戰前的情報分析預測轉化為戰場上的謀略用兵，而不能邊打邊算，摸著石頭過河。孫子在《形篇》中說：「勝兵先勝而後求戰，敗兵先戰而後求勝。所謂「先勝」，就是戰前即能預見勝利，不打無把握之戰。所謂「先戰」，就是不顧敵情和我情，先打起來再說，一味盲目作戰。程序的先後是思想的反映，到底是先戰還是先算，抑或是邊戰邊算，不分先後，其間有著本質的差異。很顯然，孫子是先「察」後「為」，可以看出孫子對於情報工作，尤其是對戰略情報的高度重視。

5 這句話實際上也可以視作《漢書 · 藝文志》所說的「先計而後戰」的出處。

二

「廟算」理論解析

《孫子．計篇》首先集中論述「廟算」，這其實是孫子所說的「察」的具體內容，也是戰略決策和戰略情報分析理論的核心內容。

甚麼叫「廟算」？廟是古代祭先祖、議國是之處，算為籌算、計算、計數之意。上層統治集團於廟堂計議國是、預測戰爭，謂之廟算。大陸學者一般把廟算解釋為戰前最高統治集團舉行的戰略分析會議。從情報學角度來看，「廟算」其實就是在戰略情報分析的基礎上預測戰爭勝負。我們不妨將「廟算」理解為君臣在廟堂之上所進行的戰略分析，是特定歷史時期的術語，今天看來更像是情報學術語。情報類的古軍語很多，「廟算」用於戰略分析之用，顯然是最高層次的一個術語。台灣學者鈕先鍾套用現代西方術語指出：「廟算，用現代術語來說，即為『純淨評估』（net assessment）。」[6] 這種對應性的解釋，實際上也是視「廟算」為客觀分析。

「廟算」一詞包含如下基本內容：

計算之人，為文武高官。一般人是沒資格去的，端茶倒水的資格都沒有。

計算之地，在廟堂。後來改偏堂，因為戰爭之事在古人看來畢竟不是好事。

6　鈕先鍾：《中國古代戰略思想新論》（合肥：安徽教育出版社，2005 年），頁 29。

計算之物，為算籌。

計算內容，為「五事」。下面將逐一進行解析。

計算之法，為比較，非常直接，非常簡單，同時也非常客觀。計算步驟，先分析，再比較，後綜合評估。計算要求，多算和細算。

計算結果，是一種數量和質量關係。

計算目的，為預見戰爭的勝負。

情報分析的實質是根據所掌握的情況進行科學決策，其中包含有一個工作程序，正如美軍將軍事情報工作視為一個流程一樣。孫子的廟算理論也有一個分析程序，或者叫分析步驟。第一步是逐項分析，第二步是對比分析，第三步是綜合評估。

先說第一步：逐項分析。按照既定的項目逐項分析，也就是「經之以五」。「經」，本為紡織品的縱絲，可訓為測度、根本，即首先要抓住決定戰爭勝負的根本方面進行分析和測算。「五」，又稱「五事」，是指按照性質劃分的五個方面的情報內容，也可以叫五大分析項，這是孫子給出的五大軍事情報範疇，分別稱為「道」、「天」、「地」、「將」、「法」。五大範疇之中，又各有具體綱目，需要逐一分析計算。

下面簡要介紹孫子所規定的情報類別和逐項分析法。所謂「五事」，其實是戰略決策和戰略情報的類別，反映出孫子戰略情報和戰略決策的逐項分析之法。

「五事」的第一個項目是「道」。孫子所謂「道」，不同於道家之「道」。先秦時期，各家都言「道」，但總體上說，以老子和道家之「道」為最高。老子已經將「道」作了形而上的昇華。在很多人眼裏，老子的「道」統攝萬物，「道生一，一生二，二生三，三生萬物」[7]，「道」是萬事萬物的本源，套用西方術語，老子的「道」是一種本體論。當然，孔子也「志於

7 《老子 · 第四十二章》。

道」[8]，有著「弘道」[9]之志，他們都試圖將「天道」和「人道」哲理化，同時也變成一種生命追求。通過春秋末期這些大思想家的努力，「道」已經變成了中國人的哲思，乃至整個中國古代思想史中一個最重要的範疇。

「道」既是中國古代政治家的追求，也為軍事家所關注。軍事家一直將「道」視為影響戰爭勝負的重要因素之一。相較儒、道兩家，孫子對於「道」也有自己的理解和論述。孫子說：「道者，令民與上同意也。」孫子「道」的範疇，主要是考察民眾對戰爭的態度。民眾是否願意為君主參戰乃至付出生命，這在孫子看來是一件非常重要的事情，甚至可以作為預測戰爭的第一個分析項。很多《孫子兵法》研究專家指出，孫子在進行戰略分析和決策時首先關注影響戰爭的政治因素，也就是戰爭與政治的關係。孫子雖然不是政治家，但在戰爭與政治的問題上確實有自己獨到的見解。孫子雖未涉及戰爭性質問題的討論，但對戰爭與經濟、戰爭與民眾及君將關係等，都有自己獨到的闡發。當孫子將「安國全軍」作為戰爭的出發點之時，尤可以看出其作為軍事家的政治水準。當然，僅從該句「令」字出發，可以看出孫子的立場在「上」而不在「民」。作為軍事家，他所關心的是個「令」字，即為了戰爭勝利，必須要做到民眾和君主的意願保持一致。當然，這其中具體的操作之法，孫子未再論述。大概這些內容是屬於政治部門的事情，既是平時的政治建設內容，也是戰時動員的重要內容。

「五事」的第二個項目是「天」。「天」在古代也是一個極其重要的概念。殷商時期，人們已經開始對「天」進行深入思考，並且把自己的生命與上天聯繫在一起，形成了一種原始的天命觀。《尚書．商書》中說：「我生不有命在天」，便是對於上天的追問。到了春秋時期，思想家已經就

8 《論語．述而》。

9 《論語．衛靈公》。

「天道」、「天命」等問題作了更多深入思考，甚至開始逐步嘗試擺脱天命觀的束縛，這樣便把王朝更替當成了可以接受的事情。

孫子這裏的「天」是自然之天，講「陰陽、寒暑、時制」。該句簡本作：「天者，陰陽、寒暑、時制也。順逆，兵勝也。」相較傳本，多出了「順逆，兵勝也」一句。僅從句式上看，很難和「民弗詭也」相對成文。[10]日本學者服部千春對「順逆」一詞的解釋是：「大而言之，可釋為戰爭的義與不義，小而言之，可釋為合乎戰爭規律或不合乎戰爭規律。」[11]由此，他判斷該句與上下文「天時地利」不合，故此也認定為衍誤。筆者認為，「順逆」更像是兵陰陽家的術語。「兵陰陽」與反對「取於鬼神」的孫子的精神是根本違背的，更談不上比傳本「義勝」。簡本中「順逆」一句，當為後人旁注文字衍入。而且這個旁注之人，應該和銀雀山出土的《黃帝伐赤帝》這篇簡文的作者一樣，喜愛兵陰陽家的理論。

「五事」的第三個項目是「地」。對於「地」的解釋，傳本作：「遠近、險易、廣狹、死生也。」簡本作：「高下、廣陜（狹）、遠近、險易、死生也。」傳本、簡本對於「地」的解釋稍有差別。簡本中不僅多出「高下」一詞，「遠近」、「險易」等幾個詞語次序上也和傳本不同。對於多出的「高下」一詞，竹簡整理小組的專家們認為：「孫子於地形甚重高下，簡本義長。」[12]這種見解無疑是非常正確的，因為孫子確實重視高下。孫子的「轉圓石於千仞之山」[13]，便是認識到藉助高度可以造勢。因此，孫子認為，如果敵人已經佔領了高地，就不應當派兵去攻打，這便是「高陵勿向」。[14]

10 褚良才：〈「孫子」辯證四則〉，載《孫子新論集萃》（北京：長征出版社，1992 年）。

11 服部千春：《孫子兵法校解》（北京：軍事科學出版社，1987 年），頁 69。

12 銀雀山漢墓竹簡整理小組：《銀雀山漢墓竹簡》（一）（北京：文物出版社，1985 年），頁 96。

13 《孫子 · 勢篇》。

14 《孫子 · 軍爭篇》。

孫子重視「高下」，但是傳本在解釋「地」時，卻沒有看到這個詞，對照簡本，應該可以判斷是傳本脫誤。

總體上看，「天」和「地」這兩個範疇相對好理解，分析的是戰場自然環境以及軍事地理，也就是人們常說的天時、地利等情況。在孫子眼中，「天」與「地」都是情報分析和戰爭預測的重要內容。結合《孫子》十三篇考察「天」與「地」的具體分析內容，會發現孫子在其中討論了很多複雜情形，既有自然地形地貌，又有軍事地形；既有戰場環境，更有戰略地理。這些內容，在《地形》、《行軍》和《九地》等篇中有大量的論述，後面還將專門探討，此處不贅。

「五事」的第四個項目是「將」。對於「將」，孫子給出的界定是「智、信、仁、勇、嚴」，人們習慣稱之為「五德」。第一位是「智」，「仁」排在第三位，「嚴」在最後一位。這與《司馬法》的「以仁為本」存有很大不同。

戰爭是由將帥來負責指揮的。對於將帥，孫子提出了五個分析項，也即「將之五德」，考察指揮官的基本素質，涉及智謀水平、部隊管理能力、個人品格和精神意志等諸多方面。

需要注意的是，對於「將」的考察和分析，孫子不僅提出了「將之五德」，而且列出了「將之五危」，認為「覆軍殺將，必以五危，不可不察也」。[15]

玩味孫子對於將帥的理解，有兩點值得注意。

首先，孫子認為，對於將帥的考察，不一定要斤斤計較個人品德的善惡優劣，也不是一般意義上對孤立的單個人的德才學識、性格氣質的等級評判，而是始終立足於將帥的軍事素質和作戰能力與戰爭的關係，注意分

---

15 《孫子 · 九變篇》。

析將帥個人素質對戰爭勝負產生的影響。孫子著眼的是軍事素質，即「武德」。如果孤立地看，孫子所列的「將之五危」中，某些品德實則是美德，比如愛民，這是正義之師的應有之義。但是，正如南宋張預所注：「民雖可愛，當審利害。若無微不救，無遠不援，則出其所必趨，使煩而困也。」也就是說，從戰爭全域上，不能為了保護或救援局部的民眾而使部隊疲憊被動，乃至中了敵人的奸計。

其次，這種分析和評判體現了軍事辯證法。比如「仁」和「愛民」，在孫子所處的春秋時代，「仁者愛民」是主流觀點，二者是相通的，甚而可以說是一回事。但是前者孫子放在「將之五德」裏，後者卻被認為是「五危」之一。仁義之師雖是決定民心和克敵制勝的基本條件，但在具體的作戰指導上又不可一味愛民而因小失大。這裏就體現了孫子在戰略分析時對將帥考察的辯證思維。又如，「勇」與「必死」，也有相通之處，將領是否勇敢不怕死，不僅對士氣有影響，也直接關係作戰決心和戰爭結果。但是，不怕死不等於一味魯莽拚殺。正如明代劉寅在《孫子直解》所說：「必死者，將愚而勇者也。勇者好行其志，愚者不顧其死。言不避險易強弱之勢，不計眾寡勝敗之情，但欲輕生決戰，以圖僥倖者也。可佈奇設伏以殺之。」「勇」與「必死」，表面上看起來很相似，但在軍事指揮和作戰上卻會帶來不大一樣的結果，這就需要對敵軍將領的軍事素質做出精細入微的分析和更為準確的判斷。

「五事」的第五個項目是「法」。對於「法」，孫子界定為「曲制、官道、主用」。孫子所定的「法」，也是一個軍事情報的範疇，含義甚廣，並非今天通常所說的「法」。舉凡軍隊的體制建制、裨將校官的設置以及各級軍官的職責權限、部隊的約束管理、行進與戰鬥中的信號節制等等，均在這個範疇。消極地說，從今天的角度來看，「法」這個範疇的內涵有點雜亂；積極地說，它涵蓋了影響軍事實力和戰爭能力的基本方面——

軍隊建設，而這一點無疑是屬於戰略情報中的基本情況，古今中外的軍事家在對敵評估時都不會忽略。

「主用」一詞，可以提出來單獨進行討論。對於這個詞語，一般都從曹注，其實值得商榷。據十一家注本，曹操對「主用」的解釋是：「主者，主軍費之用也。」民國學者錢基博認為，所謂「主用」，「屬於軍令，指中樞之指揮策動而言」。[16] 錢氏解說顯然更符合孫子所謂「法」的範疇，很好地解釋了「主用」的意思，而曹注似乎是望文生義。

對第一步的分析工作，孫子總結說：「凡此五者，將莫不聞，知之者勝，不知者不勝。」這裏強調了決策層，尤其是將帥，必須對五大範疇進行全面掌握。如果僅僅抓住其中的一個部分，即便瞭解得再充分，把握得再精熟，也於事無補。

西方情報學界，比如羅伯特 · 克拉克（Robert M. Clark），曾關注到孫子的分析模式，指出：「兵法受五種因素控制，在預測交戰結果時，必須將這五種因素考慮在內。」[17] 他還將孫子的「五事」進行重新解讀，認為這五種因素應該分別稱為「社會因素、環境因素、地理空間因素、組織因素和領導因素」。[18] 這種解讀大體上也是準確的。

下面說第二個步驟：對比分析。所謂「對比分析」，就是孫子所說的「校之以計」，也叫「七計」，就是對七個方面的分析評估。「七計」的內容分別如下：

第一是「主孰有道？」

這裏的「道」，仍然是從政治上考察兩國君主的賢明程度和治國方

16 錢基博：《孫子章句訓義 · 計篇》（濟南：齊魯書社，1992 年）。

17 羅伯特 · 克拉克（Robert Clark）著，馬忠元譯：《情報分析：以目標為中心的方法》（*Intelligence Analysis: A Target-Centric Approach*）（北京：金城出版社，2013 年），頁 249。

18 同上注。

略，其核心當為考察在戰爭問題上統治集團得到民眾擁護和支持的情況。古人認為，有道伐無道，有道勝無道。

第二是「將孰有能？」

這是對交戰雙方將領的軍事才幹進行分析，其核心當為考察將帥在實戰中「詭道用兵」的能力，具體還包括將之「五德」與「五危」，簡言之，就是看誰更會指揮打仗。

第三是「天地孰得？」

這是對天時、地利等自然環境和軍事地理情況進行考察。從《孫子》全書所述內容看，其所關注的是野戰、攻城和行軍路綫的山川險阻，以及運用火攻之類特殊作戰手段時的天氣的乾濕和雨雪（包括氣象預測）諸方面，甚至還涉及大縱深作戰的戰區環境和古樸的地緣戰略環境研究方面，簡言之，即戰場和戰區環境的考察。

第四是「法令孰行？」

這是考察兩軍在部隊管理方面的效能，看哪一方能做到紀律嚴明、令行禁止，哪一方的政令暢通、上下無礙。

第五是「兵眾孰強？」

這是考察車馬弓矢等兵器裝備的數量和精良程度。有人把「兵」解釋為「士兵」，怕是有誤，因為下面一項談的正是「士卒」。

第六是「士卒孰練？」

這是考察士兵是否訓練有素。這裏的「練」，指的是熟練。《孫子直解》解釋說：「辨旌旗，審金鼓，明開合，知進退，閒馳逐，便弓矢，習擊刺，謂之練。」可見其內容涉及單兵技能、戰術動作和實戰能力等。

「兵眾孰強」和「士卒孰練」這兩項應當聯繫起來考察，是針對敵我雙方的武器裝備和兵員素質進行的分析比較，是最切實際的軍事實力和作戰能力分析，無論戰爭怎樣變化，千載而下，至今依然是戰略分析家所必須關注的重點。

第七是「賞罰孰明？」

獎懲制度的實施關係到軍心和士氣，可以起到激勵和警示作用。所謂明「明」，就是考察獎懲制度能否做到賞功罰過，貴賤如一，罰必當罪，賞不逾時。這一項可以和第四「法令執行」聯繫起來考察。

上述「七計」從表面上看和「五事」有很多內容是雷同的。比如，「五事」中的「道」和「七計」中的「道」，內涵是相同的；五事中的「天」與「地」，與七計中「天地」的內容也相同。那麼，素來被認為語言極其精煉、行文極有章法的《孫子》是否犯有重複其詞的弊病呢？回答是否定的。比如對於「將」，前者側重考察「五德」、「五危」方面的個人素質，後者側重考察用兵作戰能力，二者還是有區別的。孫子把「五事」和「七計」加以區別，一方面是因為「五事」和「七計」畢竟內容不完全相同，各有側重點，另一方面是因為需在情報理論和作業程序上引入新的範疇和方法。從情報範疇說，「七計」已經引入了新的內容，有了新的側重點，即己方和彼方，也就是「彼」與「己」這一對很大的情報範疇。這一對範疇在逐項分析「五事」的階段並沒有涉及。從作業方法說，第二個階段採用的不再是逐項分析法而是對比分析法，處處考慮的是「孰」。從目的和要求來看，不再給出「是怎樣的」答案，而是要回答「是哪一方」，必須得出「誰佔優勢」的判斷。從情報分析的工作流程而言，二者不可混淆。比如敵方作戰部隊的組織建制、武器裝備、戰術特點，是需要單獨考察的。第一階段只是單純地對彼方這方面的情況進行蒐集、分析和評估，而暫時不管己方的相關情形。在軍事工作分工日益細化的今天，這項工作由專門部門承擔。而在第二階段，則是對比彼己雙方這方面的情況，專門負責蒐集研究彼方之情的業務部門並無此項職責，而是把彼方之情呈更高層次的統帥部門供對比分析和研究。這種分析流程，在現代社會可以通過部門分工和不同職掌來完整體現，但在中國古代，由於機構簡省、分工簡單，相關情報流程是在「廟算」中集中進行的。在實際戰爭中，甚至不會如此程序分明，項目齊全，但是這也可以說明《孫子》所揭示「經之以五」和「校之以計」這兩個分析程序在理論建樹上的意義。

對第二步分析工作，孫子總結說：「吾以此知勝負矣。」如果說孫子對第一步的逐項分析工作的總結是強調「知五事」，那麼對第二步的對比分析工作的總結則合乎邏輯地強調了「知勝負」。

第三個步驟是綜合評估。

孫子沒有對綜合評估的具體情形進行描述，但對於綜合評估可能得出的結果做了明確的說明：一種是「得算多」，一種是「得算少」。也就是說，經過前兩步的單項分析和對比分析，最後還需將所得的籌碼綜合起來，從總體上評估出敵我雙方的勝算概率。孫子說：「未戰而廟算勝者，得算多也；未戰而廟算不勝者，得算少也。」由此可以看出兩層意思，一是「廟算」的最後階段需要得出敵我雙方總體得算多少的客觀結論；二是需由「廟算」所得出的這一結論來預見戰爭的勝負。顯然，這裏含有一個綜合評估的階段。羅伯特・克拉克也曾關注到《計篇》的分析模式，指出這是孫子所建立的古老分析方法，其關注點是綜合的力量。[19] 應該說，孫子的綜合評估這一過程是顯而易見的。

美國情報學界曾對「情報」作出多種解釋或定義，下面舉出最為代表性的兩種：其一來自謝爾曼・肯特（Sherman Kent），他認為情報是知識，是組織，是活動。[20] 另一則出自馬克・洛文塔爾（Mark M.Lowenthal）。他

19　同注 17。

20　謝爾曼・肯特（Sherman Kent）著，劉薇、肖皓元譯：《戰略情報：為美國世界政策服務》（*Strategic Intelligence – for American World Policy*）（北京：金城出版社，2012 年），頁 3。

認為情報是流程，是產品，是組織。[21] 這兩種觀點都有很大影響，兩者之間的差別卻非常明顯。馬克．洛文塔爾的觀點更強調了情報的分析流程，只有經過分析流程，才能算作情報產品，才能稱之為有效的情報。對比孫子的「廟算」理論，可以看出其強調分析流程的重要作用。正因為這個分析流程的存在，孫子的情報理論即便相比西方現代情報理論，也並不遜色。這正如高金虎指出的那樣：「孫子對戰略情報要素認識的完備性、情報評估的重要性、情報謀略的微妙性、情報理論的科學性的分析，即便與2500 年後謝爾曼．肯特的著作相比也不遜色。」[22]

從分析方法來看，孫子的「廟算」極可能還有一個想定作業模式。想定作業是軍事工作的一種參謀業務，是一種研究戰爭的方式方法，也是作戰指揮人才的培養訓練途徑之一，具有很強的實戰性。《孫子》中經常提及戰爭規模，並且將這種作戰方案定在「興師十萬，出征千里」的規模。這在當時是比較大的戰略決戰行動。《作戰篇》和《用間篇》中兩次論述了進行如此規模的戰爭所受到的種種制約因素，包括財政支出（「百姓之費，公家之奉，日費千金」）、軍費開支（「內外之費，賓客之用」）、武器裝備等軍用物資的供應保障（「馳車千駟，革車千乘」、「膠漆之材，車甲之奉」、「千里饋糧」）以及戰爭對國內經濟生產的影響（「不得操事者，七十萬家」）。這些論述，實際上就是今天的司令部的想定作業，也顯示了戰略情報的綜合評估。研究《孫子》中的這些內容，有助於我們進一步瞭解孫子的戰略情報分析理論以及包括定量分析在內的具體操作過程。

《孫子》所闡述的情報分析理論還有一個非常重要的方面，就是情報

---

21 馬克．洛文塔爾（Mark Lowenthal）著，杜效坤譯：《情報：從秘密到政策》（*Intelligence: From Secrets to Policy*）（北京：金城出版社，2015 年），頁 11。

22 同注 20，總序。

分析人員的專業素質問題。情報分析的準確性如何，由此得出的關於戰爭勝負的預測是否可靠，不僅取決於所蒐集的情報資料是否完整翔實，還取決於分析者的能力和責任心。《計篇》的結尾說：

> 夫未戰而廟算勝者，得算多也；
> 未戰而廟算不勝者，得算少也。
> 多算勝，少算不勝，而況於無算乎？
> 吾以此觀之，勝負見矣。

對於這段話，人們過去通常囫圇吞棗地認為是一個意思，說的都是客觀條件對戰爭勝負的制約。不過，鈕先鍾在《孫子三論》裏提出了新認識。他認為，從語文的角度說，如果這幾句是一個意思，那麼行文不免有點繁冗；從語法的角度看，「多算」與「得算多」，「少算」與「得算少」，二者結構不同，語義也有區別。應當說，鈕氏的理解更符合孫子原意。「得算」的多少是針對客觀情況而言的，指的是敵我雙方各自佔有有利條件的多寡；而多算與少算則是針對情報和決策人員的主觀因素而言的，指的是情報分析人員進行分析判斷時的業務能力和工作態度。情報分析，必須多多地算，反復地算，深入地算，只能精算細算，絕不能粗算略算，更不能不算。因為情報分析關係到戰爭勝負，國之存亡。例如上文中所說的將之「五德」與「五危」，如果不多算細算，就難免誤將「危」當作「德」或以「德」為「危」，因而得出錯誤的結論。情報失誤存在多種原因，其中之一就是情報研判的失誤。中外情報史上很多情報失誤的案例可以證明這一點。《計篇》在全文結束時特別提出這一點，是值得我們深思的。

三

延伸討論

「廟算」是孫子的戰略決策內容，因為是基於情報的戰略決策，可以視為孫子的戰略情報分析思想。應該看到，情報思想是貫徹《孫子》十三篇始終的一條主綫，孫子以「廟算」作為開始，以「用間」作為結束，從這種篇次安排來看，也可以看出孫子對於情報思想的重視，所以需要對《計篇》和「廟算」進行重點剖析。

需要申述的是，《計篇》的「廟算」理論是春秋時代戰爭實踐的經驗總結和理論提升。時至今日，雖然戰爭的規模和樣式已經發生了巨大的變化，但是這一古老的理論仍有一定的價值，對於建立健全科學的情報學基礎理論，深入探索情報工作基本規律等，仍具有一定的啟示意義，非常值得我們深入探討並適當借鑒，比如關於情報觀、情報範疇、情報分析項和情報諸元[23]的思考等。

任何一門比較成熟的科學都非常注重建立範疇體系，通常都有其特定的研究範疇。比如哲學的範疇就有物質與精神、真理與謬誤、時間和空間、必然與偶然、對立與統一、理論與實踐等等。同樣，包括情報哲學在內的軍事哲學也不例外，也有一系列特有的範疇。《孫子》中建立了很

23 編者注：諸元：有各種因素、各種規格之意思。

多範疇，這些範疇都是一對一對地、相對地出現的，每一對範疇都關係到軍事理論與戰爭實踐的有關領域。例如，指揮關係方面，有「君」與「將」；軍事實力方面，有「強」與「弱」；兵力投放和部署方面，有「虛」與「實」；作戰樣式方面，有「攻」與「守」；用兵謀略方面，有「奇」與「正」；戰局態勢方面，有「形」與「勢」；戰爭進程的總體預期方面，有「速」與「久」等等。這些範疇的建立，不僅是對軍事鬥爭實踐的概括，而且形成了科學的軍事理論體系，體現了軍事辯證法。

在情報分析領域上，孫子按照情報的內容和性質，把情報劃分為兩大範疇和五大分析項，這是對當時戰爭實踐所做的概括。從今人的眼光看，聯繫《孫子》全書，其中既有戰略層面的情報，也有戰場層面乃至戰術層面的情報，而內容則涉及軍事政治、軍事經濟、軍隊建設、君將關係、戰場環境、後勤保障等方面，同樣足證孫子的情報觀是大情報觀。

孫子情報理論最為精彩之處，在於他提出情報範疇的同時，還更進一步地建立起適應當時戰爭需要的情報分析系統。在孫子的情報理論體系中，有許多層次不同的範疇和分析項。例如，「彼己」和「天地」是最上位的範疇，「道、天、地、將、法」是戰略分析的五大分析項，「七計」是對比分析的七大分析項。而在每個大類之下又明確具體地列出了該分析項的分析子目。例如「地」，通觀《孫子》全書，我們可以發現還有許多具體的分析子目。在《九變篇》，有「圮地」等五種地形；在《行軍篇》，針對部隊的機動和宿營，列出了「山」、「水」等四種地形；在《地形篇》中，又有「通形」、「掛形」等六種地形需要考察；在《九地篇》中，更有「散地」、「輕地」等九種屬於大縱深作戰的戰略地理類型。

在每一個子目之下，甚至還有更為細緻的分析單元。比如，「天」的分析子目是「陰陽」、「寒暑」、「時制」，其分析單元包括月亮運行的位置、空氣的燥濕程度、風起之日、風力方向以及晝風夜風等。又如

「地」，所列的「高下、遠近、險易、廣狹、死生」則是各種不同地理地形類別的分析單元。孫子的這種由範疇而分析項，由分析項而分析子目乃至分析單元的綱目系統和作業方法，可謂是層次分明，邏輯嚴謹的情報理論，在思維方法上，至今仍令人歎為觀止。

由孫子的情報分析項和分析子目，筆者認為有必要借鑒兵器分析的「諸元」概念，引入「情報諸元」的新概念。我們知道，評估兵器的戰鬥能力有一個客觀的標準，就是「性能諸元」。比如一種戰鬥機，它的爬升指數、空中續航時間、作戰半徑、携帶彈藥的品種數量等，即是該兵器的性能諸元，兵器的性能諸元決定了兵器的作戰能力。那麼，一個情報類別或情報分析項，也應當具有一個可供定性和定量描述的客觀的情報諸元。在孫子的情報理論中，有些分析項和分析子目就是情報諸元，例如「五德」和「五危」，即可視為「將」的情報諸元；「高下、遠近、險易、廣狹、死生」，則可視為「地」的情報諸元。

孫子由建立範疇到明確分析項，再到列出分析子目，反映他的情報理論中實際上存在一個情報分析的綱目系統。從軍事情報學基礎理論說，這裏提出了一個具有理論意義的問題，即：某一時代的常規戰爭，必有其基本的戰略情報範疇，範疇之下又有不同的情報類別和情報分析諸元。這些範疇、類別和諸元，是相對明確和固定的，也是可以給出的。對於冷兵器時代的地面戰爭，孫子給出了一系列決定戰爭勝負的層次分明的情報分析綱目系統；那麼，對於現代戰爭，今天是否也應當給出一個新型的情報分析綱目呢？我們認為，至少在理論上是非常必要的。誠然，今天的作戰樣式和戰爭規模已經發生了很大變化，戰爭所涉及的領域也為過去所無法比擬，情報分析內容也必然更加複雜多變，給出這個綱目系統是相當困難的，但是，越是複雜，就越需要去探索並建立一個基礎性的情報綱目和諸元系統。這個系統，至少從理論上說，是客觀存在的，可以定性地給出，並且也是在實踐中所應當遵循的。相對於孫子時代的算籌而言，在計算機技術日益發達的今天，更是可以完善並可供操作的。

研究孫子的情報觀，借鑒他的範疇思想和情報分析綱目系統，對於建立現代意義上的情報分析綱目體系和情報諸元，是有重大理論和現實意義的。

不少人往往喜歡對東方和西方的哲學進行比較，認為西方是分析型的，東方是綜合型的。這話其實並不完全正確。從孫子設立諸多分析項目和分析子目來看，這一推論就很值得推敲。比如說，就思維方式方面，著名的歷史學家錢穆就曾宣揚過一種觀點，認為：「中國重和合，西方重分別。」[24] 對孫子「廟算」理論進行分析，不難發現，中國的兵家其實也非常重「分別」。孫子的「察」，就是對決定戰爭勝負的諸多因素分別進行考察、計算和分析。雖然最終目標指向勝負概率的綜合判斷，具有整體性特點，但在得出綜合評估之前，其分析過程是分項逐條進行，極富層次性和條理性，所列大綱小目、對象類別、程序步驟，顯示出很強的邏輯層次和階段性，絕不是模糊籠統的總體估算。

孫子把情報分析依次分為逐項分析、對比研究、綜合評估三個階段，這三個階段（步驟）反映了作者心目中情報分析所應遵循的基本工作流程，不僅符合人類認識事物由淺入深的客觀規律，而且是孫子的情報分析綱目系統在工作程序上的必然要求和體現。

第二次世界大戰後，情報分析學在西方正式誕生，並獲得迅猛發展。西方的情報理論家藉助於自然科學和社會科學的研究結果，先後提出了兩種具有代表性的情報分析流程。其中，以謝爾曼 · 肯特為代表的第一代情報分析家，將戰略情報的分析流程分為客觀問題的提出、客觀問題的分

24 錢穆：《現代中國學術論衡》（北京：生活 · 讀書 · 新知三聯書店，2001 年），頁 1。

析、材料的收集、材料的估計、假設、上報結論等階段。孫子的情報分析流程與上述流程相比，隱含了一些步驟，但在大體上保持相似。

在白俄羅斯學者庫茲涅佐夫看來，情報研究的過程通常分三個階段：第一階段包括選擇課題和主題，確定客體和對象、目的和任務，擬定假設；第二階段包括選定方法並擬定研究方法的運用次序，對假設進行驗證，直接開展研究，寫出初步結論，並對其進行核實和修正，對最終結論和實際建議進行論證；第三階段將研究成果規範化。與這種分析流程進行對比，我們可以看出庫茲涅佐夫補充並強調了「核實和修正」的過程，但在總體上與孫子非常接近。

不管如何，任何情報分析流程都需要注重因果關係分析，都需要經過多方比較，都需要力圖將各種事件進行連貫思考和對比研究。就這一點而言，孫子在「廟算」中所總結出的情報分析流程，與現代西方情報理論家能求得暗合。

當今西方情報理論的發展日新月異，就新提出的情報分析流程來看，它們似乎更「強調情報分析的主觀性，主張公平地對待所有的假設；強調以目標（任務）為中心，主張情報用戶與情報生產者平等參與情報分析；強調構建思維模型，要求系統、全面地考慮所有的假設；強調證偽方法的使用，在驗證判斷時多使用證偽法；承認思維的主觀性，主張保持開放結論，以避免情報失誤」。[25] 將孫子的「廟算」與之進行對比，不難看出孫子的質樸和簡明。而且，孫子似乎更加突出地強調了對分析項目的客觀比較，較少摻入分析人員的個人主觀因素，與西方的情報分析理論形成鮮明對比。

另外，從孫子「廟算」理論來看，情報分析方法是可傳的。

25　高金虎：《軍事情報學》（南京：江蘇人民出版社，2017 年），第 4 章《情報分析流程》。

對於兵家秘訣，前人曾有可傳與不可傳之說。這裏涉及軍事理論和戰爭實踐中的「常」與「變」兩個方面。所謂「常」，又叫「常法」，指的是戰爭中相對固定、可以拿來直接施用並且應當遵循的具體做法和方法。所謂「變」，又叫「變法」，指的是只有原理、原則而無法直接採用或不可套用的用兵之法。一般來說，「常法」是可傳的，也就是可以直接運用的，而且是應當遵守的；「變法」是不可傳的，也就是不可生搬硬套，需要創造性地加以運用。

孫子的兵學思想也包含這兩個方面。如上文所說，孫子認為決定戰勝負的兩大層面，一是「廟算」，也就是戰略情報分析；二是「詭道」，也就是謀略用兵。「廟算」與「詭道」具有截然不同的特徵。無論是「五事」，還是「七計」，內容都非常明確，項目都非常清晰，方法俱在、程序井然，屬於「常法」，將領在實際運用之時，可以遵循貫徹。至於「變法」，強調靈活運用，切忌膠柱鼓瑟，運用之妙，存乎一心，其靈魂在「變」。這與常法是完全不同的。

用今天的話來說，可傳的「常法」，就是在情報需求和蒐集指導工作方面，必須具有軍事法規性的指令性質；在分析整理方面，必須具有規定性和程序化的性質。孫子的廟算理論便是可傳的「常法」，不僅具有規範性和操作性，而且似乎已經相當於古代軍事情報工作的條例條令或情報工作教範。

略為贅述的是，孫子在論述了「五事七計」之後，便旗幟鮮明地指出「兵者，詭道也」，接著提出了著名的「詭道十二法」:「故能而示之不能，用而示之不用，近而示之遠，遠而示之近。利而誘之，亂而取之，實而備之，強而避之，怒而撓之，卑而驕之，佚而勞之，親而離之。」這十二法，也可以加上隨後的「攻其無備，出其不意」兩句，統稱為「十四法」。這些詭道之法，也即「以奇用兵」，是孫子最為用心和最為用力之處。《孫子》十三篇中，作者花費了大量心血探討這些「詭道之法」，並將其視為「此兵家之勝，不可先傳也」[26]，由此可見他對自己的這些探討非常自得。但是，這些謀略之術和詭道之法再高明，也終究離不開情報，離不開「廟算」，必須要做到情報先行，也即所謂「先知」和「先計」。

26 《孫子．計篇》。

第三章

知形

注重考察實力的定量分析

孫子既強調戰場上的「以奇用兵」，也強調戰前的「以正守國」，非常強調謀略用兵，卻並未因此而忽略軍事實力的作用。換句話說，孫子強調主觀努力，同樣重視客觀條件。在他看來，戰前的實力考察和戰場的謀略用兵是贏得戰爭的兩個不可或缺的要素，也是「先計而後戰」的基本依據。這是孫子兵學的特色，也是孫子留給我們的寶貴遺產。孫子「廟算」的核心要義，就是考察決定戰爭勝負的客觀條件，也即評估雙方的軍事實力。

客觀地說，《孫子》畢竟是一部指導戰爭的兵書，討論謀略的篇幅顯然更多一些。也就是說，相對於論「力」，作者對於論「謀」顯得更有熱情。但是，人們往往就此只看到孫子論謀的一面，而忽視了孫子重視實力、以實力為基礎的一面。這其實是對《孫子》的誤讀和曲解。考察《形篇》主旨，可以更加明確地看到這一點。通過《形篇》，我們可以看到孫子相關情報的「定量分析之法」，雖然相對原始和粗糙，卻不容忽視。這既是孫子情報思想的重要組成部分，更是孫子情報分析思想的精彩內容。

一

略論《形篇》主旨

《形篇》的主旨是「治形」，附帶談了如何根據實力情況確定攻守態勢等問題。考察整篇內容，似乎論述「攻守之道」佔據了一定比重，所以鈕先鍾曾說過：「若照實際內容來衡量，則本篇的篇名若改為『攻守』似乎應更恰當。」[1] 這種說法其實是從張預對相關篇題的注解文字中找到的靈感，誠然具有一定新意，但終究還是說不通。因為就《形篇》的主題內容來看，更重要、佔據更多篇幅的內容是「治形」。而「攻守」只是本篇的重要主題之一，而且是為了配合「治形」而展開。如何造成有利於己的「形」，也即「治形」，才是本篇更為重要的內容，也是貫徹始終的主綫。

孫子在《形篇》的開首就指出：「昔之善戰者，先為不可勝，以待敵之可勝。」這告訴我們，以前那些善於用兵打仗的人，總是先努力做到不被戰勝，然後再等待敵人可被戰勝的機會出現。不被敵打敗，要依靠自身努力，也就是要使自己處於一個不敗之地。敵人是否能為我所勝，則要看是否會有可乘之機。但是，自己必須首先做到不被敵人打敗。從中可以看出，如何立於不敗之地，也就是如何「治形」，才是本篇所要論述的主旨。《形篇》更主要的文字都是圍繞這個主題而展開。包括最後一部分「稱

1　鈕先鍾：《孫子三論》（桂林：廣西師範大學出版社，2003 年），頁 45。

勝」理論，其實也是討論如何「治形」。

「先為不可勝」，很多人簡稱為「先勝」，進而總結為孫子戰爭指導的重要原則之一，這就是「先勝」原則。也有人把《形篇》的主題內容定位為「先勝」[2]，但這可能值得商榷。作者之所以在開篇就首先論述「先勝」，只是為後面的「治形」做鋪墊。這種「先勝」原則，其主要內涵是「求己」，即營造實力，以此作為戰爭勝利之本。其次則是尋求理想的戰機，那就是「待敵之可勝」。二者相比，「求己」顯得更為重要，所以孫子用了專門篇章來進行討論，這就有了《形篇》。所以，相關《形篇》的主題，從作者本人所設篇題——「形」，就可以窺探一二。

需要看到的是，相關「形」的定義，孫子在《形篇》的篇末為我們提供了一個答案：

> 勝者之戰民也，若決積水於千仞之溪者，形也。

孫子認為，部隊作戰之時，就需要像是從萬丈懸崖決開積水一樣，所向披靡，不可抵擋，這就是「形」。在孫子眼中，只有這樣才能算是成功的「治形」，才算是求勝之法。水具有流動的特性，但是一定要是在「千仞之溪」才會發生強烈的衝擊效應。俗話說「水往低處流」，放在高處的水很自然就會發生流動，而且，水蓄積得越多、佔據位置越高，產生的衝擊力就越大。在孫子眼中，能流動和佔據一定的高度，是必須要滿足的兩個條件，只有這樣，才能叫作「形」。

《形篇》第一部分幾乎都在討論攻守之道，但也不忘結合情報進行論述。作者指出：「善攻者，動於九天之上；善守者，藏於九地之下。」所謂「藏」，強調的是反情報。這裏所使用的是「互文」的修辭手法。「動

2　王建東：《孫子兵法思想體系精解》（台北：文岡圖書公司，1976 年），頁 201。

於九天之上」和「藏於九地之下」，並非一個專指攻，一個專指守。因為即便是在進攻戰鬥中，指揮員同樣需要善「藏」，讓對手摸不清自己的主攻方向，才能達成進攻時的突然性，一舉制敵。同樣道理，在防守戰鬥中，如果不懂得分合為變、不會機動兵力，也是行不通的。防守同樣要善於運用兵力，一味死守往往是守不住的，更不能求得戰爭勝利。作為指揮員，一定要善於根據戰爭實際情況，及時補充兵力。在做好防禦的同時，處理好攻守之間的關係，注意適時組織反攻，這才能確保自己真正立於不敗之地。在這個過程中，情報保密始終非常重要。孫子戰爭之法的關鍵就是「分合為變」，合理機動兵力，合理分配進攻和防禦的力量，但其中的關鍵是做好善「藏」和善「動」。只有這樣，才能真正實現作者所追求的「自保而全勝」。[3]

《形篇》更多的篇幅是討論如何營造不敗之形，即「治形」。孫子指出：

> 見勝不過眾人之所知，非善之善者也；戰勝而天下曰善，非善之善者也。故舉秋毫不為多力，見日月不為明目，聞雷霆不為聰耳。古之所謂善戰者，勝於易勝者也。故善戰之勝也，無智名，無勇功。故其戰勝不忒。不忒者，其所措必勝，勝已敗者也。故善戰者，立於不敗之地，而不失敵之敗也。是故勝兵先勝而後求戰，敗兵先戰而後求勝。善用兵者，修道而保法，故能為勝敗之政。

上面這段文字中，出現頻率很高的是一個「善」字，共 9 次，告訴了我們一個簡單的道理：孫子追求的戰爭模式是「善戰」。這其實與《謀攻

3 《孫子 · 形篇》。

篇》中所倡導的「不戰而屈人之兵」和「全勝」，力圖以最小的代價換取最大的戰果，在邏輯上是完全一致的。此外，這段話中隱約告訴了我們，甚麼是「形」，這就是「不敗之地」，也可說是「不敗之形」。究竟甚麼是「形」，孫子其實只是留給我們一個非常模糊難解的概念。對照孫子在本篇篇末所做的相關「形」的定義，筆者更傾向於把孫子這裏所說的「不敗之地」當成是「形」。努力達成這種不敗之地，就是「治形」。而這，便是孫子在本篇所要討論的中心內容。

需要看到的是，孫子在討論「不敗之形」時，一些警句對情報工作多有啟示。在論述甚麼是「不善」時，孫子指出，如果達到「眾人之所知」，尚且不足為道——「見勝不過眾人之所知，非善之善者也」。這不妨視為對情報工作的一種境界要求。它要求情報人員在蒐集情報、分析情報時，不能滿足於一般情況，而是要深入觀察和細緻思考，以求得更高質量的情報產品。接下來，作者運用排比的修辭格——「故舉秋毫不為多力，見日月不為明目，聞雷霆不為聰耳」，告訴我們哪些行為「非善」。其中「見」，是識見、察看或知道的意思。孫子總是將「知」和「戰」聯繫在一起，這裏也是一例。在這段排比句中，看到日月來證明自己視力好、聽見雷霆來證明自己聽力強，其實也不妨視為對情報工作所提的警示之語，很有啟示意義。情報人員如果僅僅滿足於得到一般常人所得到的情報，其價值自然大打折扣，對戰略決策和戰爭籌劃缺乏足夠有效的支撐。

二

「稱勝」理論和定量分析

由十三篇出發，考察孫子兵法的內在邏輯，可以發現其中貫穿著由「先知」達成「先勝」這一條主綫。至於如何達成「先勝」，孫子在《形篇》有明確的主張：重點就是「立於不敗之地」和「修道保法」。「立於不敗之地」並非是説佔據了非常有利的地形，而是説整體實力佔優、戰略指導有方。此處的「地」，不可簡單理解為「地形」。為了實現這個目標，那就需要「修道而保法」。「修道」和「保法」既可指軍隊，也可指國家，是希望有一個最優的組織架構，上下同心，內外親和，目標和方向都保持一致，這樣就可以保持政治清明、國防堅固，讓對手毫無可乘之機，這就是處於「不敗之地」。

關於「修道」和「保法」，孫武在《計篇》已經有所討論。大概在孫子看來，這更像是國君之事，這裏只是一筆帶過。所以在《形篇》中，孫子重點談的是如何發展經濟、提升實力：

> 兵法：一曰度，二曰量，三曰數，四曰稱，五曰勝。地生度，度生量，量生數，數生稱，稱生勝。故勝兵若以鎰稱銖，敗兵若以銖稱鎰。

這段話討論的是如何「治形」，如何增強實力，從而讓自己處於不敗之地，一般人簡稱為「稱勝」理論。其最終目標就是達成戰場上的「以鎰稱銖」，而不是「以銖稱鎰」。在古代，「銖」和「鎰」是非常懸殊的重量計量單位。「鎰」大概是「銖」的 480 倍或 576 倍。[4] 如果能夠通過努力，達成巨大優勢，達到「以鎰稱銖」這種效果，那麼戰場上取勝對手自然是水到渠成的事情。所以說，以「形勝」，其實就是以力勝。《形篇》歸根究底是討論如何營建實力。

孫子重視實力營建，情報分析也注重考察實力。上述這段話中，由經濟而軍事，所體現的正是由「度」到「勝」，推斷和分析軍事實力的情報分析方法，也可稱之為定量分析法。所謂「度」就是土地面積的廣狹，「量」就是物產的多少，「數」是人員的眾寡，「稱」就是力量的對比。孫子的觀點非常獨到而又易懂：由於敵我雙方擁有土地大小不同，物產資源就會不同；物產資源不同，就會造成雙方兵員眾寡的差異；兵員眾寡存有差異，就會造成軍力的強弱差異；軍力的強弱，會決定戰爭勝負向誰傾斜。這種由國土面積大小推導出軍隊實力強弱乃至戰爭勝負的方法，其實就是現代軍事經濟學的重點關注內容。所以，「稱勝」理論所揭示的其實是衡量戰爭勝負的若干基本環節及其邏輯關係，涉及基本國力和軍事實力、戰場環境和兵力投放等要素，諸如「度」、「量」、「數」、「稱」等概念，已經構建了關於情報學的古樸的定量分析法。有專家指出，「孫武作為最早數量觀念的提出和論述者，在經濟思想發展史上應得到足夠的重視」[5]，也是就這一段話而提出。

孫子的定量分析方法，關注的是軍事實力，著眼點是能否打贏，其中的目的性非常明顯。而且，這種分析方法，隱含著系統動態分析方法，這

4　鈕先鍾：《孫子三論》（桂林：廣西師範大學出版社，2003 年），頁 44。

5　巫寶三：《巫寶三集》（北京：中國社會科學出版社，2003 年），頁 337。

一點與西方情報分析理論關注力量分析的原則及方法都是完全一致的。羅伯特．克拉克指出：情報分析理論應該關注力量分析，而力量分析有許多名稱，如力場分析和系統動態分析等。作為一種分析和預測方法，力量分析必須要「找出現有力量是甚麼，它們在如何變化、向哪個方向變化和變化速度有多快」。[6] 孫子從「度」到「勝」的這種分析方法，既有常態因素的分析，也有變化因素的考量，內容豐富，只是表述不如西方具體和完整。

孫子的定量分析方法，不僅可以和西方情報分析理論求得對應，而且可以和《管子》等其他經典著作求得某種呼應。《管子．地圖篇》曾說：「知形不如知能，知能不如知意」，「知意」實則是情報分析的終極要求，但是「知形」是基礎。這種分析方法對於情報人員，尤其是情報分析人員而言，當為一項必備基礎技能。與《孫子》相比較，《管子》的情報分析理論明顯更全面一些，但這些都是在《孫子》的基礎上發展而來的。

從銀雀山出土的文獻《吳問》可以看出，孫子本人就曾運用過這種方法，分析晉國各股政治力量的強弱，來判斷他們的走向和結局。

對於簡文《吳問》，學術界曾有過一些零星的討論，意見截然對立。有人認為其可以作為真實史料。[7] 有人認為它並不能作為真實的史料。[8] 依筆者愚見，諸如《吳問》這些竹簡文字，應該是孫子後學追述先祖事跡

6　羅伯特．克拉克（Robert Clark）著，馬忠元譯：《情報分析：以目標為中心的方法》（*Intelligence Analysis: A Icrrget-centric Approach*）（北京：金城出版社，2013 年），頁 248。

7　吳樹平撰文認為，《吳問》應該是在智氏滅亡到趙、韓、魏三家自立為侯的五十年內撰寫的，是後人追記所成。參見吳樹平：《從臨沂漢墓竹簡〈吳問〉看孫武的法家思想》，載《文物》（北京：文物出版社，1975 年），第 4 期；關桐：《銀雀山漢墓竹簡〈吳問〉的幾點考證》，載《孫子學刊》（濟南：山東省社會科學聯合會，1992 年），第 4 期。

8　李零：《關於銀雀山簡本〈孫子〉研究的商榷》，載《文史》（北京：中華書局，1979 年），第 7 輯。

而寫成的一段對話，即使添加了部分修飾之辭，也不能忽視其中的史料價值。

在《吳問》中，孫子和吳王討論並預測了春秋末期晉國幾大家族的興衰存亡。孫子提出觀點認為，田制和稅制等才是決定王室興衰的關鍵。其中所體現的兵學思想以及孫子對軍政關係的認識，都值得我們關注。

春秋末期的晉國，智氏、范氏、中行氏及韓氏、趙氏、魏氏等六大公卿把持朝政，各自制定田制、執行稅制。針對這種情況，孫子認為，六大公卿角逐的最終結果，是由他們的田制和稅制所決定的。孫子預測范氏和中行氏最先滅亡，趙氏則因畝制最大、稅收最輕，將會贏得最終的勝利。當然，從這篇簡文可知，孫子的預測，有的說對，有的說錯。其中，范、中行、智氏滅亡次序被他說中，但他預言晉國將歸於趙氏則是說錯。這篇簡文所體現的孫子兵學思想，其實是與《孫子》十三篇能求得一致的。晉國六大公卿角逐，所需要的正是一種綜合實力，由田制和稅制出發，來考察各諸侯強弱和未來發展走向，更是《形篇》「稱勝」理論的最生動的例證。所以，我們只有正確解讀《計篇》相關「五事七計」的內容，認真解讀《形篇》的「稱勝」理論，才能更好地體察到孫子的兵學思想和政治智慧，理解孫子重視實力營建的理論建設，同時也可對孫子的「定量分析方法」有較為直觀的認識。

三

「稱勝」理論的意義

孫子的「五事七計」其實就是基於一種綜合實力的考量和分析，可算是對戰爭進行定性分析，決定到底打或不打。所謂「廟算」，就是綜合敵情、我情進行認真分析慎重判斷，由此決定戰爭能否發起，如何發起。至於情報分析的原則，作者是在《行軍篇》和《用間篇》藉助討論「相敵之法」和「用間術」時提出的。通過「相敵之法」，可以看出其中所蘊含的豐富哲理和情報分析的方法和原則，簡單概括為以下幾條：去粗取精、去偽存真、由此及彼、由表及裏，其中貫穿的是「透過現象看本質」的思想方法。在《用間篇》中，作者進一步總結出用間和情報分析的三個原則：「不可取於鬼神，不可象於事，不可驗於度。」這些內容，加上《形篇》的定量分析方法，孫子的情報分析理論才能變得完整起來。

孫子這一古樸的定量分析法，在情報史上具有重要意義。通觀我國古典情報分析理論，定性分析法討論得較多，而定量分析法談得不是很多。《形篇》相關理論，恰好可以形成一種補充，而且對現代情報分析理論，包括軍事經濟學的定量分析，具有一定啟示意義。到了戰國時期，《管子．八觀》中有了更為細緻的定量分析之法，實則是由孫子的「稱勝」理論發展而來，是對《孫子》「稱勝」理論的繼承和發展，對現代情報分析學，包括軍事經濟學的定量分析，也有一定借鑒意義，提供了一種分析國家綜合實力和軍事實力的可行方法。

《管子．八觀》將戰略情報蒐集的具體內容歸納為「八觀」，包括觀察田野、宮室等八個方面。在完成偵察任務之後，便要進行分析，也就是「計」、「量」等工作。這裏的「計」和「量」，顯然都是定量分析術語，透露了古人作情況分析時的量化分析情況。比如「四觀」中，作者指出，不僅要「課凶饑」、「觀台榭」，而且要「計師役」（計算服兵役和服勞役的人數），「量國費」（估算國家的財政開支）。依據當時的生產力水平和戰爭所需的人力、物力支持，作者認為，如果有十分之一的人去當兵，就要有十分之二的人為其提供軍費和輔助勞役，實際上就有十分之三的人不能務農，這樣一來，全國的糧食收成就要減產三分之一。這些分析，就是非常標準的量化分析。

《八觀》所使用的情報分析法，強調實地觀察，貫穿著「由表及裏、由此及彼」的科學理性，對情報資料有一個加工整理和綜合分析的過程，所得結論也能令人信服。作者從「耕」與「戰」的關係出發，分析對象國的實力，抓住矛盾的主要方面，看到特定歷史時期農業在國家經濟體系中無可替代的重要地位。總之，《八觀》的分析法，既是樸素的，也是科學的，不僅合乎事物自身發展規律，也符合人們認識事物的客觀規律。而這些內容，明顯是對《孫子》「稱勝」理論和定量分析的繼承和發展。

四

普適性討論

孫子的「稱勝」理論揭示了戰爭勝負主要取決於軍事實力這一基本原理，但是，歷史上也有不少戰爭是以弱勝強的，比如官渡之戰、赤壁之戰、淝水之戰、薩爾滸之戰等，這些戰爭同樣能夠深刻改變歷史發展軌跡。如何看待這一現象？孫子的定量情報分析理論是否萬能？是否會在某種特定情況下完全失靈？或者說，是否會在現代戰爭條件下，因為一兩件殺手鐧（如核武器等）而被顛覆？

首先，筆者認為孫子的「稱勝」理論確實會在某個環節發生畸變現象，從而導致人們對這種理論的整體看法發生改變。如前所述，孫子的「稱勝」理論共包含五個重要環節。這五個環節之間，貌似環環相扣，卻也會在特定條件下在某個環節出現畸變現象。比如某國領導層執意窮兵黷武，會導致軍隊員額和國民人口的比例失調，軍隊規模過於龐大。這個時候，如果繼續基於孫子「稱勝」理論逐層進行分析，就會發生失靈的現象。當然，這種規模龐大的軍隊投放戰爭之後，是否能形成強大的戰鬥力，則是另外一回事。拋卻這些因素，孫子的「稱勝」理論從總體上看仍然是相對合理的。

其次，以少勝多的戰在整個戰爭史上畢竟還是少數。歷史上以少勝多、以弱勝強的戰例總是更加惹人注目，更容易讓人們記住，更吸引歷史學家進行渲染和記載。但毋庸諱言的是，戰爭史上更多的戰例終究還是以強勝弱。比如秦國統一六國，所依靠的是其強大的軍事實力和出色的軍事戰略。再比如曹操統一北方的一系列戰爭，絕大部分也是依靠強大的軍事實力，而且形成了絕對優勢，官渡之戰這樣以少勝多的戰例畢竟還是少數。

基於以上兩點認識，筆者認為，孫子稱勝理論放在今天仍然不過時，其內涵仍然值得認真挖掘。如果是受限於基本國力，鋌而走險發展殺手鐧，比如核武器等，固然可以贏得短期效應，卻也可能帶來其他一系列的負面影響，比如民生凋敝、國民經濟衰退、國際生存環境惡化等等。其中得失幾何，相信不難找到答案。

第四章

由「知地」到「全知」

情報觀的拓展

西方情報理論界高度重視地理情報的作用。比如謝爾曼．肯特強調：「地圖是情報工作中最有用的工具和手段之一。」[1] 肯特之所以如此強調地圖的作用，是因為他對地理情報的作用有著充分的認識：「地圖會告訴戰略學家地形情況，告訴後勤人員供給渠道」，「完善的地圖是可以想像到的最有權威的參考資料之一」。[2] 出於對地理情報的重視，「9．11」之後，美國情報機構專門設置了國家地理情報局（National Geospatial-Intelligence Agency）。

孫子同樣高度重視「知地」。在孫子的著作中，闢有專門篇章討論地形和「知地」，比如《地形篇》。此外，《行軍篇》和《九地篇》對相關論題都有或多或少的論述。本章重點討論《地形篇》。該篇主要探討利用各種地形條件克敵制勝的方法，屬於兵要地理的內容，也可視為中國古代的軍事地形學。《地形篇》花費不少筆墨討論了如何應對六種重要地形。另外，在《地形篇》中，作者從討論「知地」出發，對情報觀進行拓展，更進一步明確了大情報觀，對於後人啟發良多。

---

1 謝爾曼．肯特（Sherman Kent）著，劉薇、肖皓元譯：《戰略情報：為美國世界政策服務》（*Strategic Intelligence -for American World Policy*）（北京：金城出版社，2012 年），頁 117。

2 同上注。

該篇最末一句——「知彼知己，勝乃不殆；知天知地，勝乃不窮」，突出強調了情報與戰爭的關係，已經成為不朽的軍事名言，被包括毛澤東在內的軍事家們反復稱道。

需要看到的是，孫子強調「知己」，更強調「知彼」，重視「知天」，更重視「知地」，這是符合戰爭規律的，也符合特定歷史背景。相對於「知己」，「知彼」更難，卻更重要，是情報工作更為重要的內容。所以，十三篇中，更多的內容是論述「知彼」。而且，古時作戰受制於地形條件，若天候條件不利，則適當選擇避開。所以，在十三篇中，有大量的篇幅論述「知地」，對於「知天」卻鮮有論述。顯然，孫子是有所取捨的，有意突出重點，而不是「眉毛鬍子一把抓」。

一

相關「知地」的探討

清人顧祖禹云：「論地利之妙，亦莫如《孫子》。」[3]《孫子》十三篇中多處討論了「知地」，《行軍篇》、《九地篇》和《地形篇》尤為深入細緻。很顯然，這裏所說的「地」基本都可理解為「陸地」，因為孫子所處時代並沒有海戰和空戰，戰爭基本是在陸地解決。孫子在《行軍篇》結合地形條件論述「處軍之法」後，又有《地形篇》和《九地篇》連續使用兩篇文字大量討論地形問題。有學者認為，孫子講「九變」也是在講「九地之變」，這顯然是誤解。孫子固然花費了很多筆墨談「地」，但不代表「九變」就一定是「九地之變」。[4]

從整體上打量，《行軍篇》討論的是如何「處軍相敵」，這必然牽扯到地形問題。至於《地形篇》，僅從篇名就可得知，它是探討如何察知地形、利用地形。所以，該篇自然要就如何「知地」展開深入討論。《九地篇》則是進一步討論如何結合不同的兵要地理來採取靈活的戰略戰術，充分發掘軍隊的戰鬥力，也重點探討了如何做好長途奔襲的「知地」和情報保障。這一點，後面我們還要專門討論。從結構上看，從《行軍篇》到

3　《讀史方輿紀要．總叙二》。

4　熊劍平：《〈孫子．九變篇〉再考察》，載《軍事歷史》（北京：中國人民解放軍軍事科學院，2013 年），第 5 期。

《地形篇》再到《九地篇》，這是一個非常合理、非常順暢的安排。這種結構安排服從於十三篇的整體結構安排，但也保持這個小的體系的相對獨立性，顯示出作者佈局謀篇的巧思。

《地形篇》的結構非常奇特，作者首先擺出了六種地形，討論了相應地形條件下的作戰之法（簡稱「六地」），接著總結出六種容易導致部隊吃敗仗的混亂情況（簡稱「六敗」），強調瞭解地形和訓練的重要性，最後談的是「知彼知己」和「知天知地」。關於「知彼」，《行軍篇》和《用間篇》中談了不少，主要是相敵之法和用間之法。關於「知地」，作者也在《行軍篇》中討論了一部分，但顯然是不夠的，所以在《地形篇》接著論述。關於「知天」，《火攻篇》結合火攻討論了一些，此外則沒有甚麼論述，這應當和古人科技能力不足有關，或是對天存有某種敬畏之情，所以不可隨便談論。關於「知己」，《地形篇》中有很多篇幅結合地形條件作了討論。

孫子首先概括地指出六地：「地形有通者、有掛者、有支者、有隘者、有險者、有遠者。」後面一邊對這「六地」逐一進行解釋，一邊討論了在相應地形條件下的合理戰法。

第一種地形是「通形」：「我可以往，彼可以來，曰通。通形者，先居高陽，利糧道，以戰則利。」所謂「通」，是就道路而言的，是說道路四通八達。既然四通八達，那麼這種地方，我方可以去，敵人可以來，所以一定要佔據地勢較高的地帶，這樣子自然會居高臨下，視野開闊，如果發起進攻則容易處於主動。曹操注釋「通形」翻用孫子的句子：「寧致人，無致於人。」唐代杜佑等注家則基本沿襲曹注，強調的都是戰場主動權。同時，因為道路四通八達，交通便利，如果運送糧草，這種地形會相對主動。戰爭比拚的是後勤，古代也是如此。所以，這種「通形」一定要搶先佔據，以奪取戰爭主動權。

第二種地形是「掛形」：「可以往，難以返，曰掛。掛形者，敵無備，出而勝之，敵若有備，出而不勝，難以返，不利。」對於「掛」，宋代梅堯臣解釋為「掛綴」。因為這種地方可以去，但難以返回，所以一旦前往就容易遭到牽制，無法再展開下一步行動。如果敵人沒有防備，就可以依靠出其不意的進攻，一舉擊敗對方，然後順利返回；如果敵人已經做好了準備，出擊也無法取勝，那就很難順利返回。俗語說：「肉包子打狗，有去無回。」這種地形，必須要認真觀察，如果貿然出擊，就必然會對己方不利。

第三種地形是「支形」:「我出而不利，彼出而不利，曰支。支形者，敵雖利我，我無出也，引而去之，令敵半出而擊之，利。」對於「支形」，梅堯臣解釋為「相持之形」。唐代杜牧也訓「支」為「久」。這種地形下，我方出動不利，對方出動也是不利，雙方都不便長久相持，因此稱之為「支形」。所以，遇到這種「支形」，作為指揮員，尤其注意不要受到敵人的引誘。對方無論採取甚麼手段，都必須沉住氣，不能輕舉妄動。正確的處置方法是，不如引兵撤退，如果對方沉不住氣發動攻擊，那就可以等對手出動一半之後，發起進攻。

第四種是「隘形」:「隘形者，我先居之，必盈之以待敵。若敵先居之，盈而勿從，不盈而從之。」所謂「隘形」，是指兩山之間的隘口，這其實是咽喉之地，就用兵來說，往往也是三軍出入的要道，是關鍵所在。如果我方先佔據了隘口，一定要派出重兵把守，防備敵人偷襲。如果敵人已經佔據，並且派有重兵把守，那就一定不要貿然前去攻打。如果敵人在隘口但沒有重兵把守，那就一定要想方設法攻佔。

第五種是「險形」:「險形者，我先居之，必居高陽以待敵。若敵先居之，引而去之，勿從也。」所謂「險形」，就是險要地形。所謂「一夫當關，萬夫莫開」，誰佔據了險要地形，誰就可以贏得戰爭主動權。所以，遇到這種地方，一定要搶先佔據視野開闊的高地。如果這種高地被敵人佔領，那就應當立即帶兵撤離，不要貿然前去攻打。對於「險形」，孫子強調搶奪先機，力求搶先佔領。

前面所論「隘形」也是險要之地，所以孫子也強調了搶先的重要性。這兩種地形有相似之處，但又不完全相同。在我們看來，「隘形」大概可算作是「險形」的一種，但又不能代替別的險形，故此孫子才會特地單列。總之，這二者在孫子眼中還是有區別的。

第六種是「遠形」:「遠形者，勢均，難以挑戰，戰而不利。」所謂「遠形」，是指與敵人距離較遠。因為距離遠，所以不利於兵力投送。如果勞師遠征，只會造成兵馬疲憊，很難取得勝利。這就是人們常說的「強弩之末」，力量非常弱，連一塊布帛都沒有辦法穿透。所以，孫子認為，如果與敵人距離較遠，那就不能勉強與敵人交戰。

在分述「六地」之後，作者總結:「凡此六者，地之道也，將之至任，不可不察也。」孫子認為，充分掌握上述六種不同地形，按照不同地形靈活用兵，這是對將帥的基本要求。身為將帥，一定要對這些問題慎重研究，認真考察。

當然，從總體上看，地形仍然只是起輔助作用。孫子用「兵之助」三個字對地形的作用進行了定位，將充分瞭解地形視為「料敵」的有機組成部分。孫子的大情報觀決定了他始終將「天」、「地」和「敵」、「我」放在一起考察，以求得最優的戰場環境，取得最好的戰爭保障和最佳的戰爭條件。十三篇中有不少地方都在討論這個問題，這裏又是一個例證，本篇結尾還有更進一步的討論。

二

「知地」與「知己」

在詳細討論「知地」之後，孫子探討了治軍理論，即如何避免作戰過程中經常出現的「六敗」。這些內容，其實是在探討己方的治軍問題，故此可以視為「知己」。

在孫子眼中，「六敗」分別是「走、弛、陷、崩、亂、北」。至於何為「六敗」，孫子也一一進行了解釋。

第一種是「走」:「夫勢均，以一擊十，曰走。」所謂「勢均」，應該是說敵我雙方佔據了差不多對等的戰爭條件，雙方各自握有勢均力敵的資源。張預曰:「勢均，謂將之智勇、兵之利鈍一切相敵也。」在這個時候，如果將帥昏昧，貿然出擊，而且是以少擊眾，以一擊十，那就只能招致失敗。「走」，是指部隊敗走逃跑。

第二種是「弛」，第三種是「陷」，這兩種可以放在一起進行比較，因為它們都是就官兵關係而言:「卒強吏弱，曰弛。吏強卒弱，曰陷。」孫子認為，如果士卒強悍，能力很強，領導和管理他們的軍官卻懦弱無能，就會造成士卒不聽從軍官的指揮，進而導致部隊管理鬆散，紀律鬆弛，缺少戰鬥力。如果軍官能力很強，士卒能力太弱，同樣是一種缺陷。

這種強和弱，李零認為：「管得太死，讓他們手足無措。」[5] 管理太嚴固然會導致這樣那樣的缺陷，但是孫子本意可能不是這個。如果聯繫「弛」，孫子的本意應該是指能力的強弱。孫子所說的「弛」，很容易讓人聯想起紀律鬆弛，這就是管理問題。孫子的本意應該是說，如果軍官能力不行，士卒能力突出，那就可能造成士卒公然挑戰軍官的權威，不聽指揮。出現這種情況之後，固然會造成部隊紀律鬆弛等管理問題，但這畢竟還是後續效應。故此，「弛」，這裏應該可以解釋為：士卒站出來挑戰軍官的權威，不聽招呼，不聽指揮。「陷」是和「弛」完全相反的情況，所以我們不妨解釋為，士卒完全沒有創造力，只能像一隻隻小綿羊一樣被任意驅使，這樣必然會造成戰場上部隊戰鬥力的缺失。到了這個時候只能依靠軍官單打獨鬥，當然只能導致失敗。

第四種是「崩」：「大吏怒而不服，遇敵懟而自戰，將不知其能，曰崩。」前面兩條是就官兵關係而言，討論的是士卒和軍官的關係，所以可以放在一起比較考察。這一條則是就將帥關係而言，說的是將帥對高級軍官的領導。「大吏」是指高級軍官，領導這些高級軍官的應該是將軍。「懟」是怨恨的意思，指的是冤家或仇敵。孫子認為，高級將領如果遇到仇家便逞一時之怒，擅自出兵作戰，作為領導他們的將帥，卻不知道其真實才能，那就會造成部隊崩壞。

第五種是「亂」：「將弱不嚴，教道不明，吏卒無常，陳兵縱橫，曰亂。」這一點似乎才是專門就管理問題而談，既包括了對士卒的管理，又包括了對軍官的管理，考慮得比較全面。孫子指出，作為將帥，如果性格懦弱，不能對部隊實行有效的管理，士卒和軍官都不聽招呼，不遵守紀律，排兵佈陣時也是雜亂無章，那就會導致部隊混亂，部隊也缺少戰鬥力。

5　李零：《兵以詐立》（北京：中華書局，2006 年），頁 278。

第六種是「北」:「將不能料敵，以少合眾，以弱擊強，兵無選鋒，曰北。」「北」就是敗北。古代稱戰敗為「敗北」。「北」是「背」的古文。《說文解字》中說:「北，背也，二人相背。」所以，古人說敗北就是說打不過對方而轉背而逃。孫子對導致戰爭失敗的幾個方面進行了總結:一是不能很好探知敵情;二是以少擊眾;三是以弱擊強;四是沒有戰鬥力很強的衝鋒隊。

從某種程度上看，這一條部分包括了前面的內容。比如「以少擊眾」就是「走」，也即第一條內容。孫子總是會在不經意之間把他認為重要的內容重複說明，這也是一例。孫子強調機動，強調詭道用兵，強調治形和造勢，無非都是為了達成「以眾擊寡」，甚至是「以十攻一」的效果，所以孫子經常會下意識地討論和強調兵力多寡問題。在討論「六敗」時，孫子再次流露出這個傾向，第一條和第六條都強調了以少擊眾的危害性。

在對「六敗」進行逐條總結之後，孫子強調，作為將帥必須要認識到這些致敗的緣由。孫子指出:「凡此六者，敗之道也，將之至任，不可不察也。」孫子認為，將帥的頭等大事就是要認識並慎重對待這幾條致敗之道，並極力加以避免。在孫子看來，這六種敗局，都是將帥處置不當才造成的，並非是天災，而是人禍:「凡此六者，非天之災，將之過也。」這其實是強調人的主觀能動性，是孫子唯物精神的體現。

從上面的分析我們可以看出，孫子基於「知情」的角度，冷靜地分析了各種不同地形的各自作用。孫子指出:「夫地形者，兵之助也。」如果我們能認真考察並探明地形情況，就一定可以對用兵起到重要輔助作用。這是孫子對於「地」的基本態度。

孫子接下來指出:「料敵制勝，計險厄遠近，上將之道也。知此而用戰者，必勝，不知此而用戰者，必敗。」從中可以看出，孫子把掌握地形情況和「料敵」放在同等重要位置，都納入其「知戰」體系之中。所謂「知地」，其實是其情報工作的重要內容之一。因為「計險厄遠近」就是考察和瞭解地形的險厄情況，瞭解和掌握道路的遠近情況。這些理所當然是「知地」的重要內容。緊接著這些討論之後，孫子再次強調：指出「知此而用戰者，必勝，不知此而用戰者，必敗」。

通觀這十三篇，我們可以看出孫子對於「知地」的重視程度。除了「知敵」，花費筆墨最多的就是「知地」。就領兵作戰而言，只有充分瞭解和掌握了地形情況，才能計算部隊的開進速度，才能合理部署隊伍，才能選擇最佳的作戰陣地。包括偽裝和埋伏等，都必須建立在對地形的充分掌握之上。所以孫子花大量篇幅討論地形非常符合用兵常理。而且，如果我們細細考察便可以發現，孫子的論述其實是逐層深入的。《計篇》提綱挈領談及「地」，《九變篇》結合戰法論述了「途有所不由」和「城有所不攻」，這之後，從《行軍篇》到《地形篇》，再到《九地篇》，連篇累牘地深入探討，突出強調了「知地」的重要性。

孫子由「知地」出發，不僅探討了「知己」，更強調了對「戰道」的掌握。在他看來，「知地」顯然是「戰道」的基礎。孫子認為，發動戰爭與否主要依據「戰道」，也就是根據充分的情報和科學的分析所得到的預判。如果根據這些分析得到的結論是戰爭必勝，即使國君下令說不打，將帥也可以發動戰爭。如果這些分析得出的結論是戰爭必敗，那麼即便是國君下令說打，將帥也可以拒絕出戰。故此，孫子說：

> 故戰道必勝，主曰無戰，必戰可也；戰道不勝，主曰必戰，無戰可也。

孫子基於「戰道」的考慮，決定戰與不戰，其實是尊重戰爭規律的表現。國君和戰場距離較遠，如果在不知敵情的情況下，對戰場進行遙控指揮，往往會帶來很多問題。一方面會讓戰場指揮官手足無措，處處掣肘；

另一方面則可能直接導致戰場上吃敗仗，損兵折將。這已經被古往今來很多戰爭實踐所證明。聰明的將帥一定要防止這種過度干預給戰爭帶來負面影響。北宋時期的滿城會戰中，宋太宗就親自指揮前綫佈陣，甚至連陣寨之間的距離都做了明確的規定，這引起了前綫指揮官的強烈不滿。這種干預無疑會直接導致前綫將領的指揮權威受損，同時也嚴重影響戰術的設計等。前綫指揮員經過一番猶豫之後，沒有遵照宋太宗的指揮方法，結果獲得了滿城會戰的勝利。

戰場形勢瞬息萬變，稍有差錯便會造成天翻地覆的變化。在古代社會，信息和情報傳遞非常不便，如果按照程序逐級彙報，等待總部發佈命令，就往往會錯過作戰良機，最終影響戰爭勝負。所以，作為指揮員，只能順應戰場形勢變化，靈活制定戰略戰術。上級命令，即便是國君的命令，如果不是非常恰當，那就不能遵守。這就是尊奉「戰道」，一切從「戰道」，從打贏戰爭的實際出發考慮問題。這其實是非常務實的態度。

孫子這裏所説的其實和「君令有所不受」思想是一致的。但這其實是有問題的。國君考慮問題畢竟和將帥考慮問題的出發點不同，站的高度也有不同。國君如果看得更加深遠，他可能會因為整體利益放棄局部利益，不會和將帥那樣拘泥於某一場戰爭的得失。那麼這個時候，國君下令「不戰」很可能更加合情合理，將帥則可能因為自己貪圖局部小利，爭一時勝負，爭一場戰爭的勝負，而給全域帶來被動。故此，孫子所強調的「君令有所不受」也要區別看待，就強調戰場指揮權的獨立性而言，這種主張存有一定的合理性，但是就國家層面的大戰略來看，則需認真辨別。至少不能由爭奪一時之勝負、一場局部戰爭之成敗而過於強調將權和忽視君權，更不能由此影響總體戰略。在當今世界，科技手段日益發達，情報傳遞也有各種便捷手段支持，前綫指揮員似更不能以「君令有所不受」為由，來排斥統一指揮。

三

治軍與保密

孫子顯然認識到，所謂「六敗」，主要是己方部隊出現了問題。這些情況是對部隊管理不善才會出現，其中不少都牽涉到治軍問題，故此孫子接著討論治軍問題，甚至鼓吹愚兵之術。這主要見諸下面一段文字：

> 視卒如嬰兒，故可與之赴深谿；視卒如愛子，故可與之俱死。厚而不能使，愛而不能令，亂而不能治，譬若驕子，不可用也。

「視卒如嬰兒」、「視卒如愛子」與孫子的仁義思想是可以取得一致的。在《計篇》中，孫子在討論影響戰爭勝負的五個重要因素——即「五事七計」時，用到了一個「仁」字。孫子把「將」作為「五事」的第四項，並且指出，為將者必須要具備「智、信、仁、勇、嚴」這五個基本素質。這五個要素中，「仁」被列為第三位，固不如儒家重視程度之高，但也充分體現出作者的仁愛情懷，反映出孫子的仁愛思想。因為與「仁」相比，「嚴」字被列在最後一位。這裏的「嚴」，既包含律己，也包含待人。在孫子眼中，在治理軍隊時，仁愛要比嚴酷顯得更為重要、更為管用。因此孫子才會有「視卒如嬰兒」和「視卒如愛子」的治軍思想。孫子認為，只有這樣，才能保證作戰之時的三軍用命，才可以達成「可與之赴深谿」和

「可與之俱死」的作戰效果。[6]

需要看到，孫子的仁愛是有限度的。如果超過了一定的限度，也即「厚而不能使，愛而不能令，亂而不能治」，那就是培養嬌生慣養的「驕子」，關鍵時候派不上用場。同時，我們還要看到，孫子對於士卒還會有「愚」，集中體現孫子愚兵之術的文字，主要見諸《九地篇》，茲錄如下：

> 將軍之事，靜以幽，正以治。能愚士卒之耳目，使之無知。易其事，革其謀，使人無識。易其居，迂其途，使人不得慮。帥與之期，如登高而去其梯。帥與之深入諸侯之地，而發其機，焚舟破釜，若驅群羊，驅而往，驅而來，莫知所之。

在《九地篇》中，孫子結合兵要地理，集中論述了「為客之道」的長途奔襲的戰法。所謂「愚兵之術」，就是配合「為客之道」這一戰略奔襲之術而提出來的。孫子認為，作為一個將領，在率部深入敵人後方重地之時，一定要沉著冷靜，管理部隊尤其要顯出幽深莫測，能很好地蒙蔽住士卒，讓他們非常順從地服從命令，聽從指揮。為了達到作戰目的，甚至要給部下造成一種無後退之路的感覺，逼迫他們奮勇作戰。

所以，孫子對於士卒，在該「愚」的時候無妨「愚」一下——所謂「能愚士卒之耳目，使之無知」；在該「愛」的時候也「愛」一下，甚至「視卒如嬰兒」或「視卒如愛子」。綜合起來看，孫子的「愛」或「愚」都未必是發自內心，僅可視為一種治軍手段。「愛」、「愚」兼施，目的在於「用兵」順手，贏得戰爭。所謂「愚兵」，實則也是「用兵」。「用兵」這兩個字在《孫子》十三篇中也反復出現。「用者，可施行也」，「用」是一個非常中性的詞。正是由於「用兵」之需，孫子該愛就愛，該愚則愚。因為

6　詳見《孫子．地形篇》。

這個緣故，我們不必把「視卒如嬰兒」當真，畢竟那是要達成「與之赴深谿」[7] 的作戰目的，也別當「視卒如愛子」為真，孫子是希望手下在關鍵時候「可與之俱死」，幫助自己衝鋒陷陣。

「愚兵」是孫子治軍思想中一個至今尚有爭論的問題。學術界大多數研究專家認為孫子是有愚兵之術的，而且在談到孫子的「愚兵之術」時，多持批判態度。比如，開國少將陶漢章就認為孫子的治軍思想中，存在「愚兵政策」。他根據「愚士卒之耳目」這一句，及其後出現的「若驅群羊」，批評這是「極端輕視士卒的地主階級反動思想」[8]。軍事理論學者吳如嵩則抓住《九地篇》中的「眾陷於害」這句話，判定孫子有「剝削階級愚兵政策的理論」，認為這是階級本質決定了其「必然要以『眾陷於害』的反動政策強迫士兵為統治階級賣命」。吳如嵩進一步指出，孫子正是「基於這樣一種剝削階級愚兵政策的理論，因而提出了『凡為客之道，深則專，淺則散』、『投之亡地然後存，陷之死地然後生』的指導原則」。[9]

與上述鮮明的批判態度相比，軍事理論學者郭化若對孫子「愚兵之術」的態度，多少顯出一些矛盾。他在注釋「愚士卒之耳目」這句話時，認為這種「愚術」是出於保守軍事機密的需要，並且指出，「這種保密工作古今中外都一樣，決不能作欺騙士兵解釋」，但他在隨後的「試箋」部分卻又說道：「『使人無知』和『若驅群羊』則是剝削階級軍事家難除的糟粕。」[10] 應該說，作為一位曾經長期領兵作戰的將軍，郭化若肯定富有處理官兵關係的實際經驗，故而對於孫子的用兵之術也一定有著自己獨到的感悟，但他對於孫子「愚兵之術」所表現出的這種矛盾的態度，無疑是讓人感到蹊蹺。

---

7 《孫子・地形篇》。

8 陶漢章：《孫子兵法概論》（北京：解放軍出版社，2002 年），頁 102。

9 吳如嵩：《孫子兵法淺説》（北京：解放軍出版社，1999 年），頁 113。

10 郭化若：《孫子譯注》（上海：上海古籍出版社，1984 年），頁 193—194。

在筆者看來，孫子應該確實存有愚兵思想和愚兵之術。這些「愚兵之術」與孫子「兵以詐立，以利動，以分合為變」[11]的總體思想相脗合。由「重詐」和「重利」這一思想出發，孫子在治軍時採取的是一種非常實際和客觀的「用」的態度。這才能有效地實現「分合為變」，才能確保戰爭獲勝。

尤其要看到的是，「愚兵之術」與孫子重視「出其不意」的戰法以及高度重視用間的思想是一致的。我們知道孫子重視速戰速決，所謂「兵貴勝，不貴久」[12]，重視使用出其不意的戰法，所謂「攻其無備，出其不意」。[13]這種情況下，尤其需要做好保密防間工作，務必使「深間不能窺」[14]，軍情不被泄露，這樣才能很好地達成作戰效果。「愚兵之術」其實也是和孫子的「藏術」緊密聯繫的。在《形篇》中，作者認為，用兵作戰必須要「善藏」和「善動」，所謂「善攻者，動於九天之上；善守者，藏於九地之下」。所以，「愚士卒之耳目」，當如郭化若所說，是出於保密防間工作的需要。《孫子》十三篇非常重視用間思想。以「廟算」為始，以用間為終，體現了其對用間的重視。重視用間，便不能不重視反間。由此出發，孫子重視並使用「愚兵之術」，從而實現「使之無知」的目的。

故此，「愚兵之術」當為一種常見甚至是必要的治軍之術和用兵之法。古往今來的軍隊中都通用這種愚術，而孫子很可能是第一個將「愚兵之術」光明正大寫進戰法的人。而且，孫子之「愚術」，似乎並無強烈的感情色彩，無貶低士卒之嫌疑，我們大可不必糾纏於一個「愚」字，而貶低孫子的治軍之術和愚兵之術。這裏的「愚」，應當視為一個中性詞。總之，正確對待孫子的愚兵之術，對於準確理解孫子的治軍思想、體察孫子高度重視情報思想、高度重視反情報工作，都非常關鍵。

---

11 《孫子·軍爭篇》。

12 《孫子·作戰篇》。

13 《孫子·計篇》。

14 《孫子·虛實篇》。

四

力求「全知」的大情報觀

孫子對「六敗」的預防其實是提醒將帥「知己」，最終還是要回到「知戰」，這個「知己」，加上本篇重點討論的「知地」，再加前面一篇重點討論的「知敵」，構建了孫子的大情報觀。孫子除了很少論及「知天」之外，其他幾個方面都做了詳細論述。《地形篇》的結尾又大段論述「知」：

> 知吾卒之可以擊，而不知敵之不可戰，勝之半也；知敵之可擊，而不知吾卒之不可以擊，勝之半也；知敵之可擊，知吾卒之可以擊，而不知地形之不可以戰，勝之半也。故知兵者，動而不迷，舉而不窮。故曰：知彼知己，勝乃不殆；知天知地，勝乃不窮。

孫子以「知彼知己，勝乃不殆；知天知地，勝乃不窮」一句作為《地形篇》結尾，是基於「知地」在孫子情報體系中的地位，同時也是對十三篇以「先計而後戰」為中心架構的思想體系的呼應。孫子非常重視情報思想，由此搭建了「由知到戰」的兵學體系。從《地形篇》這種佈局和設計，我們可以再次清楚地看出這個特點。

《謀攻篇》的結尾有這樣一段話：

故曰：知彼知己，百戰不殆；不知彼而知己，一勝一負；不知彼不知己，每戰必殆。

將上述這段話與《地形篇》的結尾進行比較，不難看出二者的差異：《地形篇》中，「知」的內涵已經得到大幅度拓展，由「彼、己」，進一步拓展到了「天、地」。孫子將「彼己」和「天地」視為兩對並列而不可互相替代的情報範疇，並認為必須做到「四知」，才能確保戰爭勝利。孫子把「天」與「地」作為獨立的情報範疇進行分析，不僅是戰略戰術分析的必需，也顯示了理論上的周密。孫子的大情報觀，除了「彼」與「己」這一對範疇之外，又有了「天」與「地」這一對不可互相替代的範疇。

「知彼知己，勝乃不殆；知天知地，勝乃不窮」這句話，早已為古今中外的軍事家們所熟悉，是一句經典名言。孫子高度重視情報工作，所持大情報觀，與現在情報理論界一味重視「知彼」有著很大的區別。孫子的大情報觀，要求指揮員必須對「彼」、「己」、「天」、「地」等各方面情況做綜合比較分析，以此決定戰或不戰，探討和分析對於己方作戰有利的因素。這也是《孫子．計篇》「五事七計」的主要內容。所以，《地形篇》的這一段名言，其前後兩句實則需要互相補充，才能求得一個相對完整的意思，更為充分地體現孫子的情報思想，尤其是關於情報觀的認識。

其實孫子沒有使用「情報」一詞，更無相關情報的定義，但從上述引文，包括《計篇》所介紹的「廟算」理論中，可知孫子的情報概念無疑地包括「彼」與「己」兩大範疇，同時也包含了「天」和「地」這兩大範疇。

在《管子．七法》中，作者曾提出「遍知天下」的大情報觀。作者列舉出決定戰爭勝負的八個重要因素[15]，隨後指出：「遍知天下，審禦機數，則獨行而無敵矣。」[16]可見，《管子》把「遍知天下」作為把握戰機和戰爭決策的最重要的決定性條件。也就是說，當一個國家的財力、武器裝備和兵員都準備充分之後，依然有待於全面完備的情報保障。《管子》所持為大情報觀，對於情報的重視程度，也可由此窺見一斑。孫子的情報觀，既然包括「彼、己、天、地」這些範疇，顯然也是一種大情報觀。

需要看到，孫子的這一情報觀與我軍目前對情報概念的理解是截然不同的。在《中國軍事百科全書》以及有關情報理論著作中，作者大都把情報界定為「彼方情況」或「專為彼軍一方」，認為情報的內容不包括己方軍事、政治集團的情況，情報產品只是對所獲取的敵方和與之相關方面的軍事情況進行研究判斷的成果。

我們不妨就此對比美軍的論述。在美國《國際軍事與防務百科全書》一書中，「軍事情報分析 · 當前的實踐 · 目的」條目裏說：

> 軍事情報分析的最終目的是幫助任何一級決策者回答兩個基本問題：本國（或部隊）有何弱點？敵人有何弱點？這兩個問題是相互補充的。

敵方的弱點或強勢，總是對應於己方的強弱而言的，沒有對比方的情況，孤立地看待一方的情況，某種意義上説是無法判定其強弱優劣的程度的，甚或可以説是無意義的。美軍把情報分析的最終目的界定為判斷本國

15 這八種因素其實可以概括為四個方面：一是國家的財力、經濟狀況，即「存乎聚財」；二是武器裝備情況，即「存乎論工」和「存乎製器」；三是軍隊建設情況，包括兵員的選拔、軍隊的管理教育和軍事訓練等，也即「存乎選士」、「存乎政教」和「存乎服習」；四是對敵情的瞭解和掌握情況，以及把握戰機情況，即「存乎遍知天下」和「存乎明於機數」。詳見《管子 · 七法》。

16 見《管子 · 七法》。

與敵人的弱點，用美軍的話說，這是「兩個基本問題」；用孫子的語言表達，就是：「兵眾孰強？士卒熟練？」美軍的論述幾乎可以說是《孫子兵法》的翻版，與孫子「七計」的內容和提法幾乎雷同。

在美國蘭德公司「戰略評估叢書」《戰爭中正在變化的情報角色》一書中，作者也這樣談到戰爭中的情報需求：

關於己方部隊的能力、局限和位置的準確情報的需要，和「知敵」同樣重要。[17]

這一觀點明確說明己方情況也屬於重要情報，幾乎是《孫子·謀攻篇》中「知彼知己，百戰不殆」的同義語。

謝爾曼·肯特尤其強調指出：「在比較敵我雙方的能力和可能採取的行動之後，指揮官通常會決定自己採取的行動方案。」[18]

從美軍和蘭德公司以及肯特等人對於情報工作的認識可以看出，現代戰爭的發展變化以及外軍對情報工作的新的感知，給人情報概念的歷史回歸之感。

再比如說，天、地與彼、己是甚麼關係？

在《計篇》相關「廟算」的情報分析中，第一步給出了五大分析項，包含「天」與「地」這一對範疇，在第二步中又規定要對「天地孰得」做出判斷，在《地形篇》更是明確地將「知天」、「知地」和戰爭勝負聯繫在一起。

通常的軍事著作往往把交戰雙方的情報區分為敵我兩方面。一切情報，要麼屬於敵情，要麼屬於我情。事實上，在敵情和我情之外，還存

---

17 原文是：As important as knowing the enemy is the need for accurate information on the capabilities, limitations, and location of one's own forces。轉引自張曉軍《武經七書軍事情報思想研究》（北京：軍事科學出版社，2001 年），頁 6。

18 同注 1，頁 153。

在著第三類情報，就是既不屬於敵情也不屬於我情的天情和地情。例如，在春秋戰國時代，有過許多在第三國進行的戰爭，也出現過長途跋涉，跨越諸多小國進行的戰爭，這裏便有一個瞭解和分析戰場環境乃至戰略地理環境方面的任務，而這些情報並不能歸於敵情或我情。同理，假設今天或未來的戰爭中，出現交戰雙方在第三國或者公海乃至太空作戰的情形，那裏的地理、水文、氣象乃至太空資料其實也是交戰雙方都需蒐集的重要情報，但這些情報既不屬於彼情，也不屬於己情。試想，如果將這些區域的情況都歸為敵情，則至少在理論上將會產生這樣的邏輯結果：該區域屬於彼方的領土、領海或領空。那樣一來，豈不是在理論上和實踐上都很荒謬？

饒有趣味的是，美國《國際軍事與防務百科全書》的「軍事情報」條目是這樣下定義的：

> 軍事情報是針對外國、外國軍事組織和可能成長為軍事作戰地區的地理而進行的所有上述情報活動。

可知在該書作者的心目中，「作戰地區的地理」情報是有別於外國、外軍情報的。這一定義和孫子的理論在實質上是一致的。

還要提及的是謝爾曼·肯特，他指出，「態勢評估是一名軍事指揮官在採取軍事行動之前必須做的」。[19] 肯特所謂「態勢評估」，也即情報工作。在肯特看來，態勢評估包括三個步驟：第一，戰區環境方面的知識（地形、水文、天氣等——大戰略背景下，這些因素將包括政治、經濟和社會的整體特徵）；第二，敵方力量的規模、戰鬥力量、敵軍部署的知識（大戰略背景下，這部分知識就是我提出的剝離了特定薄弱環節的戰略地

---

19 同注 18。

位）；第三，類似的我方部隊知識。[20] 肯特所強調的幾個步驟中，最先強調的是地形、水文、天氣等因素——被其稱為「戰區環境」，只有掌握了這些情況，才能進一步地比較敵我雙方的能力，刺探對手可能採取的行動，進而決定己方所要採取的行動方案。肯特的情報理論，尤其是在情報觀方面的認識，其實可以和孫子的情報理論實現跨越時空的無縫對接。

20 同注 18。

第五章

相敵之法

戰場偵察之法

所謂「相敵之法」，即今天的戰場偵察之法，出自《行軍篇》。在《行軍篇》中，作者先後討論了四個主題：處軍之法、相敵之法、精兵之法和治軍之法。前面兩個主題可算作一個整體，因為在「處軍」的時候，就必須做好「相敵」。換句話說，只有準確地完成「相敵」，才能真正做好「處軍」。所以說，「處軍」和「相敵」是緊密聯繫在一起的。因為這個緣故，《孫子》的開篇就把二者放在一起推出。至於後面兩個主題，其實也是同一個內容。「精兵」和「治軍」，其目標都是為了建設強大的軍隊，都是注重從內部的組織和管理上挖掘潛能。所以，《行軍篇》的結構關係，以軍事理論學者付朝的總結最為精妙。他認為「處軍」和「相敵」是利用外部環境，「精兵」和「治軍」則是調整內部關係。這兩個部分內容，「既有聯繫，又都自成系統」。[1] 這是非常精到的分析。

1 付朝：《孫子兵法結構研究》（北京：解放軍出版社，2010 年），頁 279。

一

相敵之法的主要內容

《行軍篇》中的「行」，讀「杭」，行列。《周禮‧夏官》東漢鄭玄注：「行，謂軍行列。」軍，指軍隊駐紮。從篇題就可以大致知道，該篇主要探討一般情況下軍隊的序列部署、駐紮要領等。軍隊駐紮之時，首先要打探地形，打探敵情，需要做好「相敵」之類的情報工作。所以，《行軍篇》主要探討的是處軍和相敵之法。

孫子的處軍原則是，根據不同的地形條件，靈活處置，儘量趨利避害。孫子按照地形條件的不同，將處軍的方式分為四種：「處山之軍」、「處水上之軍」、「處斥澤之軍」和「處平陸之軍」。孫子「處軍四法」的基本原則是「趨利避害」，所追求的無外乎是一個「利」字，追求所謂「四軍之利」。

在討論了「處軍之法」後，孫子的主要筆墨便轉向「相敵之法」：

> 敵近而靜者，恃其險也；遠而挑戰者，欲人之進也；其所居易者，利也。眾樹動者，來也；眾草多障者，疑也；鳥起者，伏也；獸駭者，覆也；塵高而銳者，車來也；卑而廣者，徒來也；散而條達者，樵採也；少而往來者，營軍也；辭卑而益備者，進也；辭強而進驅者，退也；輕車先出居其側者，

陳也；無約而請和者，謀也；奔走而陳兵者，期也；半進半退者，誘也；杖而立者，飢也；汲而先飲者，渴也；見利而不進者，勞也；鳥集者，虛也；夜呼者，恐也；軍擾者，將不重也；旌旗動者，亂也；吏怒者，倦也；粟馬肉食，軍無懸缶，不返其舍者，窮寇也；諄諄翕翕，徐與人言者，失眾也；數賞者，窘也；數罰者，困也；先暴而後畏其眾者，不精之至也；來委謝者，欲休息也。

孫子不厭其煩地羅列了他能想到的各種偵察敵情的方法，所有這些，可以統稱為「相敵之法」。其中不少都是從春秋及春秋以前的戰場實踐中得來。比如「鳥集者，虛也」一句，就可以從《左傳．襄公十八年》找到原型。當時，齊、晉兩軍交戰，齊軍撤退後，晉軍不知虛實，直到得知烏鴉聚集在營房，才知道敵軍已經撤走。再如「旌旗動者，亂也」一句，可以在齊魯長勺之戰中找到原型。曹劌根據齊國軍隊旌旗已亂的現象，果斷指揮軍隊出擊，魯國軍隊取得了大勝。這些例子說明，孫子的這些相敵之法並非無源之水，而是對既往戰爭實踐經驗的總結。因此，孫子總結的這些「相敵之法」既反映了古代戰爭的一些實際情況，同時也能對戰爭實踐起到指導作用。

這些「相敵之法」，放在今天打量，基本屬於戰場偵察之法，其主要目的便是偵察敵情，為指揮員正確判斷戰場情況、作出決策和指揮戰爭提供基本的依據。故此，它和《計篇》的「廟算」思想及《用間篇》的用間思想一起，構成了孫子燦爛而豐富的情報思想，直到今天仍然具有一定的指導意義。

這三十餘種「相敵之法」，大致可以分為兩類：

第一類，根據敵人的言辭和行動來判斷敵軍行動，包括敵人距離我軍的遠近情況、派出使者情況、敵軍士卒情況、敵軍將領情況等。這些內容佔了絕大多數。

下面我們藉助銀雀山出土的簡本，對這些「相敵之法」中牽涉到的一些異文情況進行一些分析。這些異文中，有的以簡本為勝，有的則以傳本為勝。

比如，「半進半退者，誘也」一句，簡本比傳本多出「半退」二字。筆者以為，此二字不要為佳。既然想誘敵深入，又作「半退」狀，顯然會暴露己方意圖。所以，疑傳本有衍誤。軍事理論學者王正向認為，此處以「簡文義長」[2]，這是可信的。

《行軍篇》中另外幾處異文，傳本似乎更勝一籌。

比如，「見利而不進者，勞也」一句，簡本比傳本多出一個「拳」字。「拳」可借為「倦」，「勞拳」即「勞倦」。當然，「勞」也含有「倦」意。而且，參考上下文，該處句群都是一個表達情態的漢字外加一個「也」字收束，如「退也」、「謀也」、「進也」，所以該「拳」字不當有，簡本應屬衍誤。

再如「輕車先出居其側者，陳也」一句，簡本「居」字後面少了一個「其」字。很顯然，此句當有「其」字，如此則更合古漢語語法。

再如「奔走而陳兵者，期也」一句，簡本少了一個連接詞「而」。依照古漢語語法，此處應當有「而」字。參考簡本上下文，簡本在此句群多次使用「而」字，如「辭強而毆（驅）者」、「杖而立者」等，所以此句「而」字不當少。故此，疑簡本有脱誤。這應當也可視為簡本抄寫荒率的例證。

再如「失眾也」一句，簡本作「失其眾者也」。傳本和簡本句式存在差異。按照古漢語語法，「其」字可有可無，需要考察的是句末。對照簡

2　王正向：《〈孫子十三篇〉竹簡本校理》（北京：軍事科學出版社，2009 年），頁 129。

本上下文便可發現，該句群基本都是用「也」字結尾，而不是用「者也」，所以簡本此處「者」字似不當有，疑為衍字。

再如「遠而挑戰者，欲人之進也」一句，簡本作「敵遠……進者」。依照上下文，句群中所列考察項皆為敵情，但都沒有「敵」字，所以此句忽然多出一「敵」字，疑為臆增。

第二類，根據鳥獸、草木及塵土情況來判斷敵軍動向。比如「鳥起者，伏也」；「獸駭者，覆也」；「塵高而鋭者，車來也」，等等。

孫子的觀察不可謂不仔細，比如針對道路上揚起的塵土，孫子就進行了區分：如果道路上的塵土揚起很高，而且是直竄天空，那就是敵人的車兵來了；如果塵土低沉而且面積很大，那就是敵人的步兵正在開進；如果塵土不成規模地散開，那就是敵人在砍柴。

在列舉這些情況時，孫子並沒有提及騎兵，這應該也為考察《孫子》成書時代提供了一個依據。

事實上，第二類也可歸為第一類。因為鳥獸、塵土等情況，説到底其實都是因為敵人的行動而引起的。所謂「相敵之法」，其關注對象本來就是「敵」。所以，不少孫子研究專家都試圖對其三十餘種「相敵之法」做各種分類，這當然是為了研究和介紹的方便，但總體上都不是非常成功，各個分類的子項難免會出現交叉重複現象。筆者猜測，孫子在描述這些「相敵之法」時本來就沒有事先預定一個非常合理的邏輯順序。如果嘗試按照今天的邏輯學標準進行重新組合和分類，便難免出現困難。

這些「相敵之法」中，有的內容在我們看來也不是非常準確，至少是值得商榷的。比如「敵近而靜」一句，孫子認為這是因為敵人有險可恃，其實也不盡然。敵人抵近我方陣地而且不動聲色，很有可能是另有預謀，或者説是想組織一個規模更為龐大的進攻戰鬥，抵近的隊伍只是這個龐大計劃的一部分。

另外需要注意的是，所謂「相敵之法」，在具體的條目數字上，各本存有差異。如果是從「敵近而靜」算起，到「來委謝」為止，十一家注本是「三十一法」，曹注本則是「三十二法」。之所以如此，是因為「粟馬肉食，軍無懸缶，不返其舍者，窮寇也」一句，曹注本作「殺馬肉食者，軍無糧也；懸缶不返其舍者，窮寇也」，比十一家注本多出一個相敵之法。考察漢簡本，十一家注本比曹注本多出「粟馬肉食，軍無」六字，但簡本在「函」（甀）字之前尚有部分字跡漫漶，所缺或許正是這六字，簡本和十一家注本能求得更多一致，而曹注本則多出「軍無糧也」四字。這四字，僅就內容上看，更像是「殺馬肉食」的注解文字。很可能正是由於它的衍入正文，才使得曹注本比十一家注本和簡本都多出一個「相敵之法」。

世人或稱「相敵三十三法」，那應該是在曹注本的基礎上又加上了「軍旁有險阻、潢井、葭葦、山林、翳薈者，必謹覆索之，此伏奸之所處也」一句。

此外，「相敵之法」中還有一處傳本存有異文：

> 十一家注本：敵近而靜者，恃其險也；遠而挑戰者，欲人之進也。
>
> 曹注本：近而靜者，恃其險也；遠而挑戰者，欲人之進也。

曹注本兩句均無「敵」字，十一家注本則是前一句有，後一句無。此處「敵」字似不可少，否則賓主關係不明。考察簡本，兩句皆有「敵」字。疑為十一家注本時，已經抄脫一「敵」字，到了曹注本時，則再抄脫一「敵」字，致使全句失去主語。僅就《行軍篇》幾處異文來看，曹注本脫誤和衍誤現象並存。據此，我們認為，相對於十一家注本，曹注本非但不能立即見出優長，相反，這樣的注本反倒更像是十一家注本之後才出。而考察《孫子》篇題情況，所得出的結論是與其一致的。故此我們認為，現在所能看到的宋本曹注本，應該不是曹操當年親自為之做注解的本子。而且，曹注本，包括武經本，其與宋本十一家注本的關係及優劣等，也需要我們重新進行估量。曹注本相比較十一家注本，並不能顯出特別的優良之處，反倒不如後者精審。

二

相敵之法的意義和影響

孫子的這些「相敵之法」雖說完全是基於冷兵器時代的戰場偵察之術，但其中很多方法直至今天仍不失運用價值。現代戰爭中，我們已經掌握和擁有了大量高新技術偵察裝備，包括大量衛星、雷達及遠程紅外偵察裝備的使用，使得人們多以為孫子的這些相敵之法已經沒有了意義，其實未必如此。比如說，在前綫陣地上，我們仍然需要接敵偵察行動。前沿執行任務的偵察分隊在具體的偵察行動中，同樣會遇到諸如「鳥集」和「揚塵」等現象。根據這些現象判斷敵情，雖然非常原始，但還是非常實用的。

更需要看到的是，孫子的「相敵之法」中蘊含了豐富的哲理。這些原始而古樸的戰場偵察之法，其中所透露的是「去偽存真、由表及裏」及「透過現象看本質」的思想方法。這些樸素的思想方法，顯然可以超越時代局限，對於今天的情報工作仍然具有指導價值和啟示意義。

孫子的「相敵之法」在冷兵器時代，對偵察敵情、做好戰場情報保障具有重要價值，因此得到後世兵家的忠實繼承。在託名諸葛亮的著作《將苑》中，作者列舉的一些相敵之法，與孫子有著太多的相似性：

夫兵起而靜者，恃其險也；迫而挑戰者，欲人之進也；眾樹動者，車來也；塵土卑而廣者，徒來也；辭強而進驅者，退也；半進而半退者，誘也；杖而行者，飢也；見利而不進者，勞也；鳥集者，虛也；夜呼者，恐也；軍擾者，將不重也；旌旗動者，亂也；吏怒者，倦也；數賞者，窘也；數罰者，困也；來委謝者，欲休息也；弊重言甘者，誘也。」[3]

以上這些相敵法共有十七條，和《孫子》的三十餘條相敵法相比，少了將近一半，而且不少都是從《孫子》中直接抄襲而來。這種現象對於我們考察《將苑》的成書問題不無裨益。作為一代軍事家，諸葛亮會做這種抄襲之事嗎？應該不會吧。僅從這個角度來看，《將苑》更像是一位無名氏留下的託名之作。他對孫子的相敵之法有取有捨，從中可以看出孫子的巨大影響力。

另外需要特別提到的是，孫子的「相敵之法」直接啟示了明代著名軍事家戚繼光。明代海防問題日益突出，海防情報研究則是伴隨戰爭樣式的歷史性變化而出現的新課題，戚繼光受命整治邊防，不能不關注這個問題，因此提出了著名的「海上相敵二十法」：

小舟數往來者，謀議也。遲而審顧者，疑我也。欲進而復退者，探我也。既退而卒進者，襲我也。鼓噪而矢石不下者，兵器少也。卻而顧者，欲復來也。先急而復緩者，整備也。促鼓而不戰者，懼我也。泊而揚帆者，欲出而不意也。既退而不速者，謀也。火夜明而呼噪者，恐我襲彼也。擲纜而即起者，欲擇其利也。火數明而無聲者，備器也。夜泊而趨於涯涘者，鄉道欲往也。促纜而不呼者，急欲逃也。促纜及流懸燈於

3 《將苑．察情》。

途者，夜逸而潰也。久而不動者，偶人也。鼓而無韵者，偽響也。近岸連村而不登劫者，怯也。不火困請和投降者，詐也。[4]

戚繼光從實戰中總結出上述經驗之談，對於冷兵器時代的海上敵情研判具有很強的指導作用。這些內容是受到了孫子「相敵三十二法」的啟示。

當然，戚繼光的這二十法絕非對孫子的簡單繼承和模擬，而是根據作戰形式的歷史性變化對戰場監視做出的富有創新意義的發展：首先，這些相敵之法反映了倭寇在海上戰鬥的行動規律，是我國古典情報理論中關於海防情報和海戰情報的寶貴遺產；其次，這些相敵之法的背後，蘊涵著「去粗取精、去偽存真、由此及彼、由表及裏」的情報邏輯和辯證思維；再次，如同孫子一樣，有關戰場監視和戰場情報的分析判斷，同樣是戚繼光整體情報思想的有機組成部分。戚繼光的海戰相敵法和孫子的陸戰相敵法一樣，都是傳統兵學中情報理論的歷史遺產，至今仍有啟示意義，值得我們學習。

4　《紀效新書・水兵篇》。

三

情報分析理論的維度建構

情報分析理論是《孫子》情報思想的重要內容，在其兵學理論體系中同樣佔有著舉足輕重的地位。從《計篇》到《形篇》，再到《用間篇》，作者從定性、定量和定則等多維度出發，完成了其情報分析理論的維度建構。這些理論涉及情報分析工作的多個方面，放在今天仍不過時，對情報分析和研判工作仍具有重要指導價值或啟示意義。

定性分析理論主要集中在《計篇》的「廟算」理論。所謂「計」，就是計算，也即「廟算」。今天看來，「廟算」就是情報分析，是綜合敵情、我情進行認真分析、慎重判斷，由此決定戰爭能否發起、如何發起。由於這個「計」是由統帥部門完成，因而是戰略層面情報分析。[5] 既然如此，「廟算」其實就是為戰爭問題定性，是孫子的定性分析理論。

定量分析法則集中體現在《形篇》，很多人將其簡稱為「稱勝」理論。這種由國土面積大小推導出軍隊實力強弱乃至戰爭勝負的方法，其實就是現代軍事情報學重點關注的內容，也是情報學定量分析的重要內容。所以，「稱勝」理論所揭示的，不僅僅是培植國力和軍力問題，同時也揭示

5　熊劍平、儲道立：《孫子的戰略情報分析理論》，載《濱州學院學報》（濱州：濱州學院，2011 年），第 1 期。

了衡量戰爭勝負的若干基本環節及其相互之間的邏輯關係。諸如「度」、「量」、「數」、「稱」等概念，可以和現代術語中基本國力和軍事實力、戰場環境和兵力投放等求得大致對應。故此，「稱勝」理論説明作者已經具備，或初步建立了樸素的定量分析思想，雖則分析方法尚顯粗糙，但無疑可視為現代情報學定量分析理論的萌芽。

至於情報分析的原則問題，作者是在《行軍篇》和《用間篇》藉助討論「相敵之法」和「用間術」時隱約提出的。

孫子通過這些「相敵之法」，告訴了我們一些情報分析原則。這些方法和原則可以簡單概括為：去粗取精，去偽存真，由此及彼，由表及裏。其實就是「透過現象看本質」，把零散的情報信息組織起來，作系統化分析，找到紛繁現象的內部聯繫，抓住關鍵，找到規律，從而看清事物的本質。

在《用間篇》，孫子進一步總結得出了用間和情報分析的三原則：「不可取於鬼神，不可象於事，不可驗於度。」這幾句話雖然是就用間而談，但完全可視為孫子就情報分析而提出的幾條原則，充滿唯物主義辯證思想，既反對形而上學，又反對經驗主義，同時也強調發揮人的主觀能動性。

可見，《孫子》十三篇已經嘗試在充分掌握情報的基礎之上，對戰爭現象進行全面綜合的考察，而且據此提出了一些切實可行的戰爭之法，因而可稱兵學經典著作和情報學之集大成者。就情報分析而言，從定性，到定量，再到定則，孫子逐步完成了情報分析理論的維度建構。[6] 這些分析理論，既具有可操作性，又極具思辨色彩，是中國古代情報史上的一座難以逾越的高峰。

---

6 詳細討論可參熊劍平：《孫子情報分析理論的維度建構》，載《解放軍國際關係學院學報》（北京：解放軍國際關係學院，2016 年），第 6 期。

第六章

虛實相生

微妙的情報術

《虛實篇》主要討論的是「虛實相生」、「避實就虛」以及爭奪戰場主動權等問題。所謂「虛」，通常是指兵力虛弱或兵力分散之處；所謂「實」，通常是指兵力強大或兵力集中之處。孫子認為，高明的指揮員一定要努力達成以實擊虛，以眾擊寡。並且，所謂「虛」和「實」，其實是可以通過一定的手段實現轉換的。作為出色的指揮員，一定要善於「示形」和「藏形」，努力掌握戰場上的主動權，這就是「致人而不致於人」。這些手段，很多都要依靠情報術來達成，二者如同輔車相依，緊密相連。

一

雜於利害，力爭主動

在《唐太宗李衛公問對》中，《虛實篇》被認定是十三篇中最好的一篇。不僅如此，該書作者還借唐太宗之口在這最好的一篇中找到了自認為最好的一句：「致人而不致於人。」在《唐太宗李衛公問對》卷中，唐太宗說：「朕觀諸兵書，無出孫武；孫武十三篇，無出虛實。」而李靖則說：「千章萬句，不出乎『致人而不致於人』而已。」可見，他們君臣二人對《虛實篇》推崇備至。

「致人而不致於人」其實就是在說如何爭奪戰場主動權。孫子在《虛實篇》的開篇就把有關問題提出來了。孫子說：

> 凡先處戰地而待敵者佚，後處戰地而趨戰者勞。故善戰者，致人而不致於人。

孫子認為，搶先到達會戰地點，靜等敵人前來作戰，就會因為搶佔先機而取得主動；靠後到達會戰地點，倉促應戰，就會因為兵馬勞頓而立刻處於被動局面。既然如此，如何取得戰場主動權就非常明顯了：這就是充分調動對手。孫子認為，善於指揮作戰的將領，總是能夠運用一切手段合理地調動敵人，而不是被敵人所調動，更不會因此而陷入被動局面。

就軍事鬥爭來說，如果能夠在戰爭中搶佔先機，同樣會處處主動，佔據優勢，進而獲得戰爭勝利，這就是所謂「先手之利」，孫子的《軍爭篇》等篇目中多次強調這種搶奪先機之利。很明顯，孫子的「致人而不致於人」很多時候就是靠這種追求先機之利實現。孫子認為，實現「致人」的方法就是要搶在敵人前面，即「先處戰地」，力爭以逸待勞，從而能夠打敗敵人。

整體打量《孫子》十三篇可以發現，孫子一直強調佔得先手之利，而不是「先發」。《虛實篇》中談到了這種「先處戰地」之利，給人的感覺似乎是為了求得「先發」，但是，當我們看到《軍爭篇》大談「以迂為直」的時候便可以明白，孫子強調的是佔得先機。為了搶佔這種先機，有時候還需要故意選取看似迂遠的進軍路綫來迷惑敵人，即使是在敵人之後出發，也能比敵人先期到達戰略要地，這就是掌握了變迂為直的原則，這就是「後人發，先人至」的道理。所以，要考察孫子相關「先發」的真正態度，不能只看到《虛實篇》，必須要聯繫《軍爭篇》才能看得更明白。[1]

至於如何調動敵人，孫子也提出了自己的辦法。他的辦法很簡單：以利誘之、以害驅之。這兩手都可以用，其實都需要使用情報術來達成，需要使用「示形動敵」。在《虛實篇》中，孫子說：「能使敵人自至者，利之也；能使敵人不得至者，害之也。」在《軍爭篇》中，孫子認為要達成「以迂為直」也是要「誘之以利」才行。在這一點上，前後兩篇也保持著邏輯上的一致性。

1　需要看到的是，「先發」不一定就是佔據了先機之利，因為「先發」也有「後至」的情況。事實上，究竟是「先發」好，還是「後發」好，先秦兵家也有著不同的看法。《左傳》引《軍志》：「先人有奪人之心，後人有待其衰。」從這句話中可以看出，「先發」不一定就可以制人。如果後發，等待對方氣衰，再尋找戰機，同樣可以打敗敵人。戰國時期的著作《呂氏春秋．不二》中說：「王廖貴先，兒良貴後。」這說明當時的軍事家們對於到底是「先發」好還是「後發」好，仍然有著不同的看法。

所謂「誘之以利」，就是使用「小利」去引誘敵人，以此賺得「大利」。這種大、小之利其實是相對而言。所謂「小利」可以被認為是局部利益，所謂「大利」，可以被看作是整體利益。孫子認為，為了換取整體利益，可以犧牲局部小利。這便是孫子的大小之辨。當然，這種局部利益小到甚麼程度，也是很有講究的。對於一個大象級別的敵人，餵給它一個小飯團，它未必會動，必須要餵給足令其心動的食物才行。掌握不好這種火候，小利也只能是白白犧牲，起不到調動敵人的作用。這其中就牽涉到度的把握問題。必須要恰到好處，才能使「敵人自至」，讓對手乖乖就範，走進我方預設的圈套之中。

孫子認為，搶佔先機的方法，除了「以利誘之」的手法之外，還可以使用「害」的手法。比如說，戰國時期的孫臏，就用了「圍魏救趙」的手法成功地調動了對手，打敗了龐涓。

孫子考慮問題一直著眼大局，所以能夠「雜於利害」，對利、害作全盤考慮，看問題非常辯證，招法非常全面。至於「雜於利害」，一定要通過有效的戰術手段，誘使敵人上當，也就是說，需要把有關假情報傳遞到敵方統帥部，才能達到調動敵人的效果。考察有關的目標和手段，我們不妨將其視為一種高超的情報術，至少需要很好的情報術來予以配合才能貫徹施行。否則再高明的「誘之」，再巧妙的「害之」，沒讓對方情報人員獲悉，沒讓對方決策部門知曉，那麼所有努力都會白費，收不到預期效果。

「雜於利害」是一個具體原則，接下來，孫子就如何有效調動敵人提出了更為具體的辦法：

故敵佚能勞之，飽能飢之，安能動之。出其所不趨，趨其所不意。[2]

「出其所不趨」一句，簡本作「出其所必趨」，意思似乎完全相反，但於義皆通。筆者認為，傳本的「出其所不趨」，要較簡本「出其所必趨」義長。所謂「出其所不趨」，意思是說，要攻擊敵人根本不及防守之處，或「無法救援之處」[3]，這樣則能完全打亂敵人的部署，從而達到「佚能勞之，飽能飢之」的效果。如果理解為「攻擊敵人不去的地方」，則略顯機械。[4]

接下來，孫子基於奪取主動權，即「致人」的原則，討論了攻守之時如何把握「虛實」問題，並且表達了他對「善攻」和「善守」的境界的理解，同時也禁不住流露出自得之情：

故善攻者，敵不知其所守。善守者，敵不知其所攻。微乎微乎，至於無形，神乎神乎，至於無聲，故能為敵之司命。

---

2 這段話，簡本作：「……能勞之，飽能飢之者，出於其所必□□。」與傳本差別較大，句式也完全不同。簡本中無「安能動之」一句，似以「□能勞之，飽能飢之」和「出於其所必□」共同構成「……者……也」句式。此外，整理小組指出：「簡文『必』字與下文『行千里』之間有三字地位，當無『趨其所不意』一句。」聯繫上下文考察，簡本的「者也」句式，似乎可以求得前後呼應，比傳本的並列句式要好。傳本的「安能動之」和「趨其所不意」，看起來都像是衍文。吳九龍等刪除後一句、保留前一句的做法，可能稍顯保守，而王正向將兩句完全刪除的做法，反倒顯得更為合理。（王正向：《〈孫子十三篇〉竹簡本校理》[北京：軍事科學出版社，2009 年]，頁 171。）該句句首，王正向在墨跡漫漶之處找出一個「故」字，似乎是受到傳本的影響。簡本缺字是否果為「故」字，是需要商討的。只要聯繫上下文，打量氣勢磅礴的排比句群，便可知道，如果有這個「故」的存在，多少有點破壞文氣。

3 黃樸民：《孫子兵法解讀》（北京：中國人民大學出版社，2008 年），頁 135。

4 筆者更懷疑，《孫子》故本可能正是作「出其所不趨」，這才引出了後面「趨其所不意」這一句衍文。

類似「微乎微乎」這樣的自得之情，孫子在《用間篇》也曾說過：「微哉微哉，無所不用間也。」他流露出對自己設計的用間之法的自得之情。「司命」的意思是掌控了命運。在這裏，孫子認為，高超的致人之術，就是掌控了敵人的命運，即「司命」。「無形」和「無聲」，既可以理解為戰術高明，也可以理解為情報保密工作的周全。「微乎微乎」其實也是非常自然的感情流露。在這之後，孫子繼續討論如何在攻守之時把握好虛實，並結合「虛實」討論了「致人而不致於人」的具體方法：其一是「攻其所必救」。「必救」是指敵人的要害之地，攻打敵人的要害之地，這是奪取和保持戰場主動權的最有效辦法。其二是「乖其所之」，通過誘騙的手法，迫使對手改變行軍方向。總之，這些致人之術，也必須依靠高明的情報術才能貫徹實行。

二

形人而我無形

接下來的一段是《虛實篇》的重點內容，討論了「虛實」的本質。

> 故形人而我無形，則我專而敵分。我專為一，敵分為十，是以十攻其一也，則我眾敵寡。能以眾擊寡，則吾之所與戰者約矣。吾所與戰之地不可知，不可知，則敵所備者多，敵所備者多，則吾所與戰者寡矣。

如果說「致人而不致於人」道出了戰略戰術的真諦，那麼「形人而我無形」則點明了情報工作的終極目標：一方面做好對敵方的情報工作，另外一方面則是做好己方的反情報工作。

所謂「形人」，就是要重點把握敵方的戰略部署和作戰計劃，打探清楚敵方的兵力軍事力量。那麼，如何做到「形人」呢？主要靠調動對手，以及先進的情報手段、出色的情報謀略，包括使用能夠調動敵方的軍事力量——比如發起佯攻之類，以此調動敵方的防守、窺探對手的虛實情況。孫子說，「勝兵先勝而後求戰」，如果在未戰之前，就通過出色的情報戰，掌握敵方的兵力部署等情況，對交戰對手的情況做到瞭如指掌，那就一定可以在戰爭中佔據主動局面。

所謂「無形」，就是隱藏己方意圖，在戰爭發起之前巧妙遁跡。如果我方情況不被對手所掌握，一切都出乎敵方所料，作戰時也能佔據主動局面。那麼，如何確保己方情報不被對手發現呢？這顯然要組織出色的反情報工作。所以，「形人而我無形」這句話道出了情報工作的境界追求，對情報工作的攻與守都指出了具體目標。一方面是「形人」，通過多種手段探知敵方虛實，另一方面是巧妙地隱藏己方的作戰意圖，加在一起才是一個完整的「形人之術」。

在《虛實篇》中，孫子對「形人之術」的境界追求非常明確，不惜多花筆墨反復強調。在該篇的結尾，作者再次強調了在「形人」的同時，必須要確保己方的「無形」：

> 故形兵之極，至於無形。無形，則深間不能窺，智者不能謀。因形而錯勝於眾，眾不能知。人皆知我所以勝之形，而莫知吾所以制勝之形。故其戰勝不復，而應形於無窮。

這段話中，「形」字多次出現，顯然是一個關鍵字眼。「形兵」的最高境界是「無形」，顯然是針對保守軍事機密而言。這些論述，按照今天的標準來看，其實就是孫子的反情報思想。但是「因形而錯勝」一句則已經不再停留在情報層面了，而是就戰術機動而言。高明的指揮員必須要善於根據戰場形勢靈活處置，善於變化。只有這樣，才可以做到「應形於無窮」，讓對方無機可乘，己方則可以保持不敗之地。

在孫子眼中，「形」具有類於「水」的特徵——「兵形象水」。中國古人一向重視「水」，老子和道家尤其推崇水之德。老子認為，世界上最柔弱的就是水，但正是這柔弱的水產生出了最驚人的力量，也最令人恐懼。「水」具有隨機成形和趨下等幾個非常獨特的特點，受到孫子的重視。

另外，「形人之術」的意圖是實現「我專而敵分」，由此而達成「以眾擊寡」和「以實擊虛」，而且其最終目標還是「我專而敵分」。「我專」，則我為實，「敵分」，則敵為虛。如果運用巧妙，就能實現「以十攻其一」或「以眾擊寡」的效果。這便是通過分合，達成虛實變化，實現「致人而不致於人」的目的，進而奪取戰爭勝利。假如敵人有十個縱隊，我方也有十個縱隊，接敵作戰時，應該是拿我方的十個縱隊去吃對方的一個縱隊，而不是去吃對方的十個縱隊。如果是硬碰硬的十對十，那就是毫無計謀的莽漢，在戰場上是沒有甚麼勝算的。如果被敵人調動開來，己方的十個縱隊各自為戰，那就更是毫無成算，只能失敗。孫子的主意就是要恰當使用「形人之術」，很好地調動對手，把對方的十個縱隊分散開來，然後再一口一口地吃掉。這就是「以十攻一」，這才是有勝算的打法。

「以實擊虛」是一條具有普遍意義的用兵原則。這條原則要求我們在戰爭之前首先完成對敵人力量部署情況的分析工作，從而尋找出敵人的虛弱之處，再準確地實施攻擊。這需要開展必要的情報工作。孫子高度重視情報工作，實則也與他設計的戰法緊密聯繫在一起。

三

備人之術

在討論了以眾擊寡的問題之後，孫子接著結合「虛實」的說法論及了防禦問題，這就是「備人」之術：

> 故備前則後寡，備後則前寡，備左則右寡，備右則左寡，無所不備，則無所不寡。

這一段文字，簡本作：「備前……者右寡，無不備者無不寡」，比傳本字數略少。銀雀山漢墓整理小組的專家指出：「中間缺五字左右。疑此段簡文作『備前者後寡，備左者右寡』，較十一家注本少兩句。」[5] 傳本中，前、後、左、右均有述及，而簡本則只述及「前」和「左」（假如整理小組的意見準確無誤的話）。兩相對比，傳本顯得文氣更足。正因為「前、後、左、右」均有所述及，才能談得上「無所不備，則無所不寡」，或「無不備者無不寡」。故此，愚見認為，此處該是簡本有脫誤。

從「備前則後寡」到該段的段末，更多討論的是防禦之術，也就是「備人之術」。需要看到，上述「備人」之術其實也可視為「示形之術」，

5　銀雀山漢墓竹簡整理小組：《銀雀山漢墓竹簡》（一）（北京：文物出版社，1985 年），頁 108。

至少是可以和「示形之術」聯繫在一起打量的。這些「備人之術」也可以幫助我們對孫子的「攻守之道」作更為深刻的理解。其中「無所不備，則無所不寡」一句更是成為至理名言，其中蘊含的深刻哲學意味，影響力已經遠遠超出了兵學領域。就防禦作戰來說，如果不能針對對手情況有效地組織佈防，而是不分主次、處處分兵，就會造成防禦上的漏洞，直至帶來災難性的結果。在這一段的最後，作者揭示了兵力優劣的緣由就在於是否掌握了戰爭的主動權，是「備人」還是「使人備己」。如果是被動地防備，則會顯得兵力薄弱。反之，如果是敵人處於被動防守的局面，則會佔據兵力優勢。

所謂「備人術」，其實也是反情報的重要指導思想。如同偵察敵情需要把握重點、找準要害一樣，反情報其實也需要分清主次，抓住重點，守住最核心的機密。如果多路防範、均勻用力，就會分不清主次，真正該守住的秘密得不到有效保護。

「虛實」和「眾寡」不是一回事，但它們是緊密相連的兩對範疇，都和爭奪戰爭主動權緊密相連。孫子一貫強調「眾寡」，所以他在《虛實篇》中再次談到他對「眾寡」的理解。當然，孫子闢出專篇討論「虛實」問題，可見在孫子心目中，「虛實」是更為重要的一對範疇。在孫子看來，「寡者，備人者也」，這是主張避免因為「備人」而使自己處於被動局面。與之相反的是「眾者，使人備己者也」，高明的指揮員一定要佔據進攻之勢，使得敵人疲於應付，這樣就可以在調動敵人的同時，形成虛實變化，使得敵人成虛、己方成實，最終達成以實擊虛的效果。所以，孫子所謂「備人」之術，最終也還是回到「虛實」上來，回到爭奪戰場主動權上來。

相比較防禦，孫子更偏愛進攻。十三篇中，論防禦之術的篇章並不多見，主要見諸《形篇》和《虛實篇》。在《形篇》中，作者首先提出：要想不被敵人戰勝，就必須要搞好防禦，這就是所謂「不可勝者，守也」。

接著，孫子對防禦所要達到的標準，提出了自己的看法。在他看來，善於防守的將領，一定要把自己的部隊隱藏得很深，如同埋藏在深地之下——「善守者，藏於九地之下」，只有這樣，才能實現「自保而全勝」的戰略目標。「善藏」，一方面是善於機動，一方面則是反情報做得好。《虛實篇》同樣經常將「攻」和「守」並列一起進行討論，而且始終不忘情報的配合和保障作用。

通過這些「虛實之術」和「形人之術」，主動權一定是為我所掌握，作戰時間和會戰地點一定是由我方決定。下面一段話既像是總結之語，也是頗為自得的感歎之辭：

> 故知戰之地，知戰之日，則可千里而會戰。不知戰地，不知戰日，則左不能救右，右不能救左，前不能救後，後不能救前，而況遠者數十里，近者數里乎？

這段話還是在說「先處戰地」和爭奪戰場主動權。這種「先處戰地」其實是說己方在成功實施「致人之術」之後，已經能夠充分掌握決戰地點、掌握戰場的時空條件，因而能夠取得勝利。從這段話可以看出，孫子將「知戰之地，知戰之日」作為情報工作的目標，為「千里而會戰」做好準備。從中可以看出，孫子有長途奔襲、千里會戰的主意。孫子的很多戰術討論和情報保障，也都逐步圍繞這些展開。

四

由「形人」到「動敵」

在討論了「備人術」後，孫子接下來開始進一步討論「形人之術」：

> 故策之而知得失之計，作之而知動靜之理，形之而知死生之地，角之而知有餘不足之處。

這四個整齊的句子被很多人稱之為「動敵之法」，其實就是「形人之術」，是配合前面「形人而我無形」而展開的。由「策」到「作」，再到「形」，最後再到「角」，鈕先鍾認為，這四個步驟「在層次上由淺入深，在時間上由遠而近」。[6] 這是很有見地的分析。因為「策」尚且停留在理論分析階段，是在廟堂上的分析和計算，「作」則是採取了初步的行動，「形」則是更為深入，用到了「示形」和「戰術欺騙」。在這些招法都無效之後，就需要派出一定規模的部隊，與敵軍近距離接觸，甚至展開角力，以此探知敵軍虛實。赤壁之戰中，東吳這邊派出甘寧率領小部分水軍與曹操交戰，得勝歸來，由此激發了士氣，也探知了曹操水軍的戰鬥力。這其實就是「角」。

當然，在實際運用中，不一定嚴格按照這個步驟漸次展開。正確的方

6　鈕先鍾：《孫子三論》（桂林：廣西師範大學出版社，2003 年），頁 61。

法應該是根據實際形勢靈活操作，可以選擇性展開幾項，條件允許時也可以同時展開。

這些「動敵之法」，用今天的眼光打量，「策之」到「作之」很像是戰術偵察，都是為了更為準確地探知敵情。所謂戰術偵察，舉個簡單的例子，在無法搞清前方草叢有無敵軍潛伏之時，可以打個冷槍、扔個手榴彈，如果有潛伏的敵人，那就可能被嚇到然後現形。這和孫子「動敵之法」的偵察敵情的方法是一致的。所以我們至今仍然需要認真學習這種偵察術，它是孫子豐富系統情報思想的一個重要組成部分。雖然説具體的作戰環境、作戰方式都發生了根本性改變，但基本原理和基本方法仍然具有啟示意義。

孫子在《虛實篇》的最後一部分大量討論了「形」和「勢」，是因為「虛實之術」本來就藉助於「形勢」而展開，「形勢」是用兵之本，所以，孫子從《形篇》開始，到《勢篇》，再到《虛實篇》，構成了一個小循環：由「形勢」開始，又以「形勢」收尾。《形篇》是探討如何營建實力，《勢篇》則是討論諸如「奇正」等運用軍事實力的方法，《虛實》則是總論形人之術和致人之術，力爭掌握戰爭主動權，進而求得以眾擊寡和以實擊虛。故此，這三篇完全可以視為一個結構完整的小單元。

就《虛實篇》來看，情報是其中較為突出的主題。其中大量討論的「形人之術」和「動敵之法」，是論述情報和反情報。「形人而我無形」可視為情報工作的一種最高境界的追求。這種境界如果能完全實現，那自然就可成為立勝之本。孫子時刻不忘情報，在《虛實篇》中再次花費大量筆墨討論，是因為這十三篇的總體結構遵循「先計而後戰」的思路，即情報工作在先，戰法設計在後。

第七章

決戰死地

長途奔襲中的「知地」和反情報

《九地篇》是十三篇中最長的一篇，一千多字，也是十三篇的一個高潮部分。不僅所論非常精彩，寫作也非常精妙。該篇系統地論述了如何在「散地」等九種不同空間領兵作戰的問題，重點則是探討了在當時條件下如何進行戰略奔襲。所論「九地」，也不能簡單視為「地形」之「地」。在現代軍事學中，這些屬於戰略環境範疇。這較《九地篇》之前所論地理情報，明顯又上升了一個層次。《九地篇》中，從知悉戰略地理情報出發，到長途奔襲發起之前的情報保密，包括治軍等問題的討論，都是為了保障「為客之道」的貫徹執行。《虛實篇》中，孫子將「知戰之地，知戰之日」作為情報工作目標，由此而為「千里會戰」做好準備。孫子很多戰術討論和情報保障也都在圍繞長途奔襲、千里會戰這個中心任務而漸次展開，在《九地篇》則進行了更為集中的論述。

一

《九地篇》結構考察

首先，我們不妨考察一下十三篇的結構問題。

在《九地篇》中，作者集中討論的是長途奔襲戰法，也就是作者所說的「為客之道」。這其實也是戰略奔襲，是戰略層面問題。事實上，《九地篇》，甚而《孫子》十三篇基本都是圍繞這個戰略奔襲而展開。《九地篇》為甚麼要集中討論這個「為客之道」呢？這其實是吳國當時所面臨的外部空間和外部環境所決定的。當時的吳國，如果想在東南方崛起，就必須要打敗老牌大國——楚國。至於越國雖說也對吳國形成了巨大的牽制，但吳國人並沒把它放在眼裏。楚國幅員遼闊，地大物博，國力強盛，如果想戰而勝之，就必須依靠長途奔襲。正是這個原因，孫子才會花費大量篇幅和吳王探討如何搞好這次長途奔襲。也可能是這個原因，才誕生了這十三篇的兵法。

《九地篇》伊始，作者就戰略態勢對地形又進行了多種劃分，一共分為九種：散地、輕地、爭地、交地、衢地、重地、圮地、圍地和死地。作者對這九種地形分別進行了定義：

第一種：在本國境內與敵作戰的，叫作散地。散，意思是離散和逃散，也可以說是軍心渙散。因為在家門口作戰，士卒會為家人擔憂，容易分神，甚至非常容易由此而產生畏戰情緒直至擇機逃亡，因此才叫散地。

第二種：進入敵境，但仍在淺近地區作戰的，叫作輕地。由於距離己方不遠，士卒可進可退，軍心並不非常專一。這個「輕」可以兩解：一是說士卒戰鬥之志並不堅實，二是說距離國境綫尚且不遠。

第三種：我方佔領則對我有利，敵方佔領則對敵有利，叫作爭地；所謂爭地，是特別具有戰略價值的地帶，當然就是雙方必爭之地。就戰略層面來看，諸如政治中心、經濟中心、要塞地區等，都是爭地；就戰術層面看，交通要道、制高點、橋頭堡等，都是爭地。這些地方，無論是誰搶先佔據，都會立即達成對己方有利的戰爭態勢。

第四種：我軍可以去，敵軍也可以來的，叫作交地。「交」，是指邊界交接的地方，也有說是指交通發達，出行便利。這種地方，敵我雙方都可以自由出入，隊伍容易被切割，故此需要保持陣型和隊伍的完整性。

第五種：同多國接壤，誰先得到就能夠得到更多支援的，叫作衢地。就春秋時期來說，鄭國和宋國就是處於這種地帶。當然，由於和多國接壤，也可稱為四戰之地，歷史上曾迭為戰場，人民飽受戰爭之苦。

第六種：深入敵境，大軍背後的城邑已經很多的，叫作重地；重地顯然是可以和輕地形成對比。

第七種：山高水險、林木茂密、水網縱橫，難以通行的，叫作圮地；圮，毀壞。不只是道路毀壞，進退維艱，軍隊也會因為這種毀壞之路而導致三軍被毀。

第八種：進軍道路狹隘，退兵之路又迂遠的，敵人可以以少擊眾的，叫作圍地。這種地帶，對方很容易紮口袋，把我方包圍進去，一旦深入進去，就會處於非常危險的境地。

第九種：疾速奮戰就可以存活，不疾速奮戰就可能覆滅的，叫作死地。這種地方，求生很難，只有拚盡力氣，死戰求活。

上述地形分類依據的標準基本是距離己方大本營的遠近，強調的是作戰條件對己有利與否，所以有一個逐級深入的過程。死地放在最後，其實是為了突出和強調。也就是說，前面的八種，基本屬於鋪墊，是為了烘托和引出最後的死地。有句俗語說「老鼠拖木鍁——大頭在後面」，「死地」就是最後的大木鍁，是孫子最看重的內容。

孫子根據不同的地形條件，提出了不同應對方法或戰法：

身處散地，就不宜與敵作戰；進入輕地，就不宜停留；身處爭地，就不要勉強出擊；遇到交地，就要使得各部聯絡通暢；身處衢地，則要注意結交諸侯；深入重地，則需要掠奪糧草財物；遇到圮地，則需要迅速通過；身陷圍地，就需要設謀脫險；身陷死地，則需要奮勇作戰，向死求生。

所謂「九地」，表面上是說「知地」，其實也是在結合「知地」探討各種戰法，即針對各種地形條件合理展開攻守之法。在本篇裏，作者格外強調對於戰略地理情報的掌握，並以此作為發起戰爭的依據。無論是在冷兵器時代，還是在現代戰爭條件下，重視戰略地理情報，始終都是一種非常客觀務實的態度。

二

「為客之道」

《九地篇》的文字基本都是圍繞如何在「死地」作戰，也即「為客之道」而展開。這些論述可以分為以下幾個層次：

第一，戰略戰術運用的一般原則；

第二，根據上述原則，發動長途奔襲打擊敵人；

第三，長途奔襲的統禦之法和保密原則等；

第四，一步與輕地等做對比，突出強調死地作戰的效應；

第五，總結「為客之道」，即死地作戰的一般步驟。

先說戰略戰術的一般原則。孫子提出了四條原則，第一條原則是誘使敵人分兵作戰。孫子認為，古時善於用兵打仗的將領，都是要努力使得敵人首尾不能相顧，前後不能策應，主力部隊和非主力部隊之間無法建立合理順暢的聯繫，官兵之間也不能相互救援，在需要迅速集結的時候，上下之間也不能及時地聚集和合攏，士卒散離之後就不能迅速地集中，即便是勉強湊合在一起，也是雜亂不整。這些手段其實都是為了分割敵人，力爭達成以眾擊寡。分兵出擊一直是兵家大忌，故此，聰明的指揮員就要設法誘使敵人做分兵出擊的多頭蛇，這就是《計篇》等強調的「親而離之」。

第二條原則是利益原則。孫子之所以這樣調動敵人，誘使敵人分兵，無外乎是希望達成有利於己的戰爭態勢，創造有利時機。出現了有利時機就馬上出兵攻打，沒有這種有利時機就不要貿然出擊。

第三條原則是抓住要害，打擊關鍵。孫子認為，發動戰爭之時，必須要抓住敵人的要害。這一層意思，孫子是借用一段對話推出的：

> 敢問：敵眾整而將來，待之若何？
>
> 曰：「先奪其所愛，其聽矣。」

這段對話是自問自答，在一問一答中給出了答案：用兵打仗，不怕敵人陣勢嚴整，不怕敵人兵強勢眾，只要抓住對手的要害，襲擊和攻打敵人的關鍵部位，就可以迫使敵人乖乖就範。

第四個原則是快速原則。孫子認為，用兵打仗，貴在神速。要趁敵人猝不及防，從敵人意想不到的道路，攻擊其沒有防備之處。如果出現了機會，就必須要馬上抓住。戰機的出現往往就是一瞬間，如果把握不住，那就一切力氣白費。所以，用兵務求神速。如果想快速消滅敵人，摧毀敵人的意志，就必須要遵循這條原則。

關於用兵之法，《虛實篇》的論述最為精妙。《虛實篇》中說「我專而敵分」，這是就敵我雙方而談的，其目標是：我專為一，敵分為十，這樣便可以達成以十攻一、以眾擊寡的局面。在上面一段，孫子再次提及了分割敵人和調動敵人的重要性。但這些仍然只是如何使得「敵分」的戰法，至於如何達成「我專」，則是《九地篇》的內容。在孫子看來，死地作戰就是實現「我專」的重要手段，所以前面論述了如何使得「敵分」之後，剩下的篇幅就探討如何使得「我專」，這就進入更深層次的

相關「為客之道」的討論，也就是真正進入了《九地篇》的主題。孫子認為，越是深入敵境，越是進入敵國作戰，士卒就會越發地團結，軍心就會越發變得專一，敵人就越是難以抵禦。這實則是反客為主，反倒能夠成功地主宰戰爭。不僅如此，在敵國富饒的地區做客，也可以趁機掠奪糧

草，以保障軍隊給養，也可以據此提升士氣。所以，長途奔襲、深入敵軍腹地作戰可以帶來直接效應，也可以帶來間接效應。直接效應是三軍足食，間接效應則是士氣高漲，最終贏得戰爭的勝利。

當然，「為客之道」在組織實施過程中也有若干注意事項：

第一，要保障部隊能夠得到及時休整，充分積蓄力量，合理運用和部署兵力；

第二，巧妙使用計謀，很好地隱藏己方的作戰意圖，敵方間諜即便再有能力，也無法窺測我方虛實情況和真實意圖。

第三，要及時在軍中禁止妖祥迷信行為，及時消除那些蠱惑人心的言論，讓士卒不會受到無謂干擾。

孫子對深入敵方腹地之後士卒的心理情況進行了細緻分析。在孫子看來，如果將部隊投向無路可走的絕境，士卒就會寧死不退；士卒既然有了必死的決心，當然會奮力作戰。所以，善於指揮作戰的將領，就必須要將士卒深陷危亡之境，逼迫他們走入走投無路之境，這樣會讓他們心志專一，拚命死戰。在孫子看來，這樣的軍隊無須費心整治，就會自行加強戒備；不用多提要求，就能積極完成任務；不必多加約束，就能團結親附；不用反復號令，就能遵紀守法。

孫子顯然是深諳士兵心理學和作戰心理學的大師。他洞察了人性中貪利和求生的兩大慾望，並結合戰法將其發揮到極致。孫子指出，將士沒有多餘的錢財，並不是他們不愛財物；兵眾拚命死鬥，並不是不想長壽。為了逼迫他們奮勇作戰，就必須要把他們放置在危險的死地，讓他們爆發出最大的戰鬥潛力，從而求得最佳的戰爭效應。孫子把士卒投置到無路可走的絕境，所要達成的效果就是，讓他們自然而然地成為專諸那樣的勇士，在戰場上勇敢殺敵。

顯然，孫子對於「為客之道」非常看重，所以《九地篇》對一些重要的原則性問題反復論述。除抽象的理論論證之外，還有進一步的舉例説明。這可能給人造成重複敘述和語言累贅的印象，甚至讓一些專家對該篇做出「錯簡」的判斷。[1] 在《九地篇》中，孫子對於自己非常看重的「為客之道」的一些基本原則，當然也要重點論證，不懼重複，這不應被視為錯簡。孫子以「常山之蛇」和「吳越相爭」作為例證，對「為客之道」的用兵原則進行更為深入的論證，也是出於這個原因。

孫子指出，善於指揮作戰的將領，能使隊伍做到首尾呼應，就像是「率然」。作者以「率然」做比喻，生動地表達了他對於部隊高度協同、整體作戰的境界的追求。率然是常山 [2] 的一種蛇。這種蛇，反應非常靈敏。擊打它的頭部時，它的尾部就會趕來救應；擊打它的尾部時，它的頭部就會趕來救應；擊打它的腹部時，它的頭部和尾部都會趕來救應。在孫子看來，軍隊各部分之間的相互接應就應該像率然這種蛇一樣，迅速而又敏捷。這樣的部隊才是一個完美的整體，很難被完全擊敗。

從《勢篇》我們可以看到，孫子為了在戰爭中獲勝，要求指揮員一定要善於「造勢」，努力創造達成勝利的各種條件。這種長途奔襲的「為客之道」，可以激發士卒和部隊最大的戰鬥潛力，自然也可視為「造勢」的一種重要手段。

為了實施好「為客之道」，孫子對指揮員的素質提出了更高的要求。孫子指出，作為將帥，一定要能夠保持冷靜的頭腦，公正嚴明地管理部隊。必要的時候，還要能夠蒙蔽士卒的耳目，不讓他們知道軍機要事。這就是孫子的愚兵之術。

---

1 不只是《九地篇》，《孫子》十三篇中一些重要論題，比如「知彼知己」情報論、「非利不動」利益論等，都重複出現，反復進行論證。這應該是出於強調的目的，一定不是錯簡。

2 常山，即恆山。西漢時期，為了避文帝劉恆之諱，改名為常山。

在《地形篇》我們曾經討論過，在孫子的治軍思想中確乎存在愚兵之術。實施長途奔襲的「為客之道」就更要使用這種愚兵之術，其目的無外乎是為了保守秘密。孫子認為，作為指揮員，必須要善於臨時變更作戰部署，中途改變原定計劃，讓人摸不著頭腦。不僅如此，還要經常改換駐地，善於迂回行軍，使得對手無法揣測我方意圖。將帥統率部隊深入敵國，就像是驅趕羊群，士卒只知聽從指揮，並不知道自己究竟會到哪裏去。

除了善於保密之外，還需要善於造勢，讓士卒陷入不得不拚死作戰的境地。比如，在向部屬下達戰鬥任務時，使他們如同登高之後被抽去梯子那樣無路可退，聚攏三軍部眾，將他們投置於非常險惡的境地。這就是著名的「陷之死地而後生」的作戰原則。

孫子不避重複地研討各種不同地理環境的處置方法和進退之術：

散地：統一部隊的意志；

輕地：部隊前後緊密相連；

爭地：迅速出兵抄到敵人側後；

交地：謹慎佈置防守；

衢地：鞏固與諸侯的結盟；

重地：掠奪糧草保證軍隊給養；

圮地：命令軍隊迅速通過；

圍地：要堵塞缺口；

死地：要顯示出必死的決心。

上述這些討論，都是從掌握部眾在不同環境下的心理變化入手，孫子由此奠定了他軍事心理學大師的地位。需要看到的是，孫子雖然逐次論及「輕地」、「圍地」等不同地形，但著眼點還是在最後的「死地」，也即本篇重點討論的「為客之道」。故此，《武經彙解．孫子》曰：「全篇主意不過『投之亡地然後存』、『陷之死地而後生』二語。」吳如嵩說：「《九地》主要論述的是戰略進攻問題，是遠程奔襲的『為客之道』。」[3] 這些論述都非常恰當地點出了該篇的要義。

3 吳如嵩：《孫子兵法新説》（北京：解放軍出版社，2008 年），頁 166。

三

「為客之道」的情報和反情報

「為客之道」的戰略奔襲非常重要，尤其需要進行戰略研判，對敵情及諸侯之情都要作準確的解讀和分析，所以孫子強調「知」的重要性，這是孫子「知戰」體系的再次體現：

> 是故不知諸侯之謀者，不能預交。不知山林、險阻、沮澤之形者，不能行軍。不用鄉導者，不能得地利。

對於這一句，一些研究專家有不同看法。比如明代何守法《校音點注孫子》中說：「或曰，此六句與上文既不相蒙，與下文又有相戾，畢竟重出之誤。」這種説法得到了日本櫻田本的支持：「是故不知諸侯之謀云云三十八字恐衍文，宜刊去，今文無此字。」筆者認為，這種改動系妄改，至少沒有甚麼文獻支撐。而且，漢簡本也不能為其提供證明。[4] 在筆者看來，孫子也許只是出於對情報的重視，才在這裏再次強調情報。十三篇中，孫子一貫強調「由知而戰」的體系構建，所以才會在這裏又一次提出，主要目的無非是為了強調「為客之道」的情報保障。

4　明清時期的某些《孫子》版本經過了刻書人的妄自改動，其中以《兵鏡》為最。《兵鏡》改動又以《九地》為烈。其實這些都是妄改，是對《九地篇》沒有讀懂，總以為這其中到處是錯簡和誤書。

隨著對「為客之道」討論的逐漸深入，或者說，當長途奔襲正式開展之時，孫子更加注意做好情報保密。在這種特殊戰法中，情報保密顯得尤為重要，孫子由此而明確提出愚兵之術：

犯之以利，勿告以害。

這句話，簡本作「⋯⋯以害，勿告以利」。何守法《校音點注孫子》：「犯，幹也，用也。」表面上看，似乎意思與傳本截然相反，如果看到這其中是用了「互文」的修辭格就可以知道，簡本、傳本貌似截然對立，但所說仍是一事，那就是對部下或將士，採取選擇性的告知。

所謂「互文」，就是巧妙運用省簡之法，需要依靠上下文才能更為準確地理解文義。[5] 根據「互文」的修辭手法，簡本、傳本的文義，其實均可補足為：「犯之以利，（則）勿告以害；犯之以害，（則）勿告以利。」也就是說，在需要告訴他們「利」之時，就不要多說「害」，在需要告訴「害」之時，就不要多說「利」。簡本和傳本其實都非常符合孫子的用兵原則。如果說孫子有所謂愚兵之策，那麼「勿告以利」和「勿告以害」，都是愚兵之術。「告之以利」固然可以鼓舞士氣，「告之以害」也可以激發戰士的潛能。而這，似乎也正和孫子「雜於利害」的思想求得一致，而且是一種非常高明的愚兵之術。

保密和愚兵只是一個方面，這是統禦和指揮的關鍵。在孫子看來，做好這種統禦，就可以「施無法之賞，懸無政之令」，使得三軍團結如一人，在戰場上凜然不可侵犯。現代戰爭仍然需要逐級保守作戰秘密，所以要格外強調「不該問的不問」，將其作為非常重要的一條保密守則。作為

5 在這樣的句式中，表示對待關係、作為連接詞使用的「則」字，是被省略了。而這種省減之法，其實也是「互文」修辭格中所經常出現的。參見《呂叔湘文集》（瀋陽：遼寧教育出版社，2002 年），卷九，頁 194。

士兵，只能知道與其身份相符的內容。很多時候，他們只需要知道去做甚麼就可以，至於為甚麼這麼做，下一步怎麼做，都不該是他們所關心的。作為軍官，只能知道與自己級別相符的秘密，知道一些戰術層面的秘密，無法對統帥部的高遠的決策思想和作戰步驟有更為深入的瞭解，否則會被視為違規和越權。說到底，大概只有統帥部的將帥，才能對整個作戰指揮有更加詳盡的瞭解，這也是因為指揮和組織的需要。

與統禦之法相配合的是外交戰和實際的作戰指揮。先說外交戰，孫子指出，長途奔襲之前應該做到以下幾點：

> 夫霸、王之兵，伐大國，則其眾不得聚；威加於敵，則其交不得合。是故不爭天下之交，不養天下之權，信己之私，威加於敵，故其城可拔，其國可隳。

發動長途奔襲之前應該重點搞好外交，從上面這段話可以看出，一共有四點：

第一是「不爭天下之交」，意思是不必爭著去和天下諸侯結交。如果急急忙忙去攀附，結果很可能適得其反，反倒會在不經意間壯大了對手的力量，造成己方的孤立和被動。

第二是「不養天下之權」，意思是不必刻意尊奉諸侯，每遇一事則請示彙報，表示出對對手的無比尊敬之情，那樣就會培植他們的權威，影響己方的聲威，尤其不利於在諸侯之中樹立威信。

第三是「信己之私」，意思是伸展自己的抱負和主張，追求應得之利益。「信」同「伸」或「申」[6]，一說「確信」[7]，也通。

6 何守法《校音點注孫子》：信與伸同。《重刊武經七書彙解．孫子》：信與申同。

7 詳細討論參見王建東：《孫子兵法思想體系精解》（台北：文岡圖書公司，1976 年），頁 464。

第四是「威加於敵」，意思是把軍隊的威力施加到敵人頭上，逼迫敵人屈服。

上述四點其實可歸結為兩點：外交上不卑不亢，內政上加緊準備。也即堅持獨立自主，避免受制於人。至於所要達成的目標則有兩點：第一是「其眾不得聚」，使對手的軍隊無法得到及時的集中；第二是「其交不得合」，使對方在外交上孤立無援。只要出現了這種情況，也就是等到了「其城可拔，其國可隳」的良機。

《九地篇》的最後，作者論述的是「為客之道」的具體實施方法，也就是組織實施的一些關鍵步驟。

第一是「順詳敵之意，並敵一向」。意思是能審慎考察敵人的戰略意圖，將兵力集中在主攻方向，千里奔襲，就可擒殺敵將。在孫子眼中，這就是所謂妙用計策成就大事。「順」，按照歷史學者楊炳安《孫子會箋》，作「慎重」解。「詳」，當訓「審」，考察的意思。明代趙本學《孫子書校解引類》曰：「詳，張賁讀作佯，是也。」按照這種說法，該句的意思是說：假裝順應著敵人的意圖行事，讓敵人自己鑽進圈套之中。

第二是「夷關折符，無通其使」。意思是，在作戰行動開始之前，要及時封鎖關口，銷毀通行符證，不允許敵國使者往來。這是保密的需要，防止襲擊計劃被敵軍間諜竊取。

第三是「厲於廊廟之上，以誅其事」。意思是在廟堂之上反復計議，慎重決定作戰計劃。「厲」同「勵」，有勉勵督促之意。「誅」可訓「治」，修明之意。這是說要充分準備和籌劃，使得方方面面的力量都能發揮作用。

第四是「必亟入之，先其所愛」。一旦有隙可乘，必須迅速採取行動，趁機而入，搶先奪取最為重要的作戰條件，而不要同他約定會戰的日期。敵軍所「愛」，必定是戰略要道和戰略要地，搶先佔據就能掌握主動。至於不和敵人約定作戰日期，這是孫子詭道思想使然。按照尊奉軍禮的堂堂正正的戰法，這種長途奔襲一定無法順利展開。敵軍做好了充足的準備之後，我方是客場作戰，很難找到襲擊和取勝的機會。所以，一定是突然襲擊，「攻其無備，出其不意」，才能獲得成功。

第五是「踐墨隨敵，以決戰事」。作戰計劃要根據敵情的變化而不斷地調整，靈活決定自己的作戰行動。這其實就是「因敵而變化」。孫子說「能因敵而變化者謂之神」，表現出對這種高超指揮藝術的讚許。當然，要做到「因敵而變化」，情報保障必須跟得上，否則也是空談。

第六是「始如處女」。作戰開始之時，大軍要像處女一樣沉靜。羞澀的處女，一定是遮遮掩掩。這種態度能很好地迷惑敵人，隱藏己方的戰略意圖。

第七是「後如脱兔」。一旦敵人的弱點暴露，就必須像脱兔那樣迅速採取行動，令對手來不及組織抵抗。合適的戰機非常不易得到，同時也會轉瞬即逝，所以一定不能錯過。

通觀《九地篇》，並不存在結構缺陷，也沒有編輯雜亂。相反，它是一篇結構非常嚴謹、論述非常透徹、主題非常集中的有關戰略奔襲的專論。這篇論文鮮明反映出孫子所處時代諸侯爭霸的特徵。按照孫子的話說，就是「霸、王之兵伐大國」。由於周天子日漸式微，諸侯都看到了爭霸天下、爭當霸主的機會，因此都躍躍欲試。但是，就吳國而言，受制於當時的歷史條件和特定的戰爭環境，孫子認為只有運用這種長途奔襲的「為客之道」，才能充分地「信己之私」，進而達成「掠鄉分眾，廓地分利」[8] 的目的，從而在諸侯爭霸的格局中佔據一席之地。

孫子協助伍員長途襲擊楚國，正是貫徹了這種「為客之道」的長途奔

---

8 《孫子・軍爭篇》。

襲戰法，一舉打敗了強大的楚國，使吳國成了南方霸主。公元前506年，吳、楚之間發生柏舉之戰。這場戰爭是小國戰勝大國的成功戰例，更是孫子長途奔襲的「為客之道」的生動例證。吳國君臣巧妙利用楚國與其附屬國之間的矛盾，抓住有利條件，果斷地長途奔襲，在楚國腹地柏舉擊敗其主力部隊，實現「西破強楚」的戰略目標，為北上爭霸奠定了堅實的基礎。在這場戰爭中，吳軍先是以小規模軍隊輪番出擊，使楚軍疲於奔命，最終導致士氣鬆懈，失去對吳軍的警惕。在準確掌握楚國北疆防禦空虛的情報之後，吳軍忽然越界千里伐楚，直撲楚國腹地，可謂「攻其無備，出其不意」。楚軍倉促應戰，數戰皆北，潰不成軍。吳軍並不給楚軍任何喘息之機，而是一路追擊，直至攻入楚國都城。吳軍之所以能成功擊敗強大的楚軍，一方面是成功實施了「能而示之不能」、「佚而勞之」等誘敵之策，使得楚人錯誤地判斷了戰場形勢，另一方面則是將士卒置於死地，深入敵軍腹地，迫使士卒無限發揮潛能，爆發出驚人的戰鬥力，最終成功地打敗了強大的對手。可以說，吳軍的成功入郢是一次非常成功的戰略奔襲，更是孫子「為客之道」戰略戰術的成功運用。

第八章

用間之術

古典諜報理論的構建

《用間篇》是十三篇的最後一篇，集中討論用間術，即如何使用間諜。該篇篇題，各傳本皆作《用間》或《用間篇》，只有櫻田本作《間篇》，和諸本不同。

孫子重視情報，所以在《計篇》就開始討論「廟算」，以「用間」作為結尾，與《計篇》形成遙相呼應之勢。這應該是孫子的有意安排，十三篇也由此顯示出結構上的完整。事實上，情報思想是孫子兵學思想的重要組成部分，在《孫子》所闡述的理論體系中具有舉足輕重的地位。細細打量十三篇可以發現，情報思想其實是貫徹《孫子》終始的主要幹綫之一。無論是日本學者還是中國學者，都找到了「情報」這條主綫。

《用間篇》專論諜報工作的方方面面，奠定了情報蒐集尤其是人力情報工作的理論基礎和實踐原則，是中外間諜理論的開山之作。其中論述，諸如保密紀律、拉出打入等，時至今日，在世界各國的情報部門依稀可見其痕跡。用間思想既是孫子情報思想的重要內容，也是孫子兵學思想的重要組成部分，對今天的實際工作仍不失啟示意義。《用間篇》總共五百餘字，字數雖不多，但已基本奠定了中國古代諜報學的若干基礎理論，對諜報工作的地位和作用、組織領導原則、諜報人員的素質等問題，都作了初步的探討。

一

「先知」與「五間俱起」

首先，孫子就諜報工作的地位和作用問題進行了深刻論述。孫子指出，用好間諜，知敵之情，「此兵之要，三軍之所恃而動也」[1]，突出強調了用間的重要性。在《用間篇》中，孫子還指出：

> 故明君賢將，所以動而勝人，成功出於眾者，先知也。先知者，不可取於鬼神，不可象於事，不可驗於度。必取於人，知敵之情者也。

這段話既論述了「先知」的重要性，也論述了做好「先知」所必須注意的事項：「不可取於鬼神，不可象於事，不可驗於度」。所謂「先知」，就是先期知道敵情，可以預知戰爭勝負。這裏，作者將「先知」作為將帥和國君「動而勝人，成功出於眾者」的先決條件，可以看出其對諜報工作的重視程度。從《計篇》開始，作者一直追求的就是「先勝」，十三篇中就如何達成這種「先勝」展開各種各樣的討論，各種謀略之術均由此而展開，但說到底，「先知」起到了一種關鍵性的保障作用。也就是說，由「先知」到「先勝」是一個最為基本的路數。正因為「先知」是「先勝」的可

1　《孫子．用間篇》。

靠保證，故此孫子格外重視情報工作，對「知」和「先知」做了深入探討。

下面一段話更可見孫子對於用間的重視程度：

> 凡興師十萬，出征千里，百姓之費，公家之奉，日費千金。內外騷動，怠於道路，不得操事者，七十萬家。相守數年，以爭一日之勝，而愛爵祿百金，不知敵之情者，不仁之至也。非人之將也，非主之佐也，非勝之主也。

孫子認為，戰爭行為耗費巨大，但並非無法控制。在孫子看來，有一種辦法能夠儘量減少損失，這就是用間。如果將帥和國君捨不得在這方面花錢，那就是最大的「不仁」，是不配擔任主帥和國君的，即「非人之將也，非主之佐也，非勝之主也」。

孫子在探討用間之術時，也在無形之中透露出自己對於「仁」的理解。從古至今，一直有人批評孫子不講仁義，顯然是錯誤的。[2] 孫子認為，要想確保戰爭勝利，就一定要捨得花錢搞好間諜戰，要捨得在間諜身上大筆花錢。如果在這時候太過小家子氣，由於吝嗇而對敵情認識不夠，進而導致戰爭失利，那就是「不仁之至」。在這裏，孫子雖然沒有正面解釋甚麼是「仁」，但他已經告訴了我們甚麼是「不仁」。我們由他所界定的「不仁」出發，便可以想見孫子眼中的「仁」，應該是著眼於保家衛國，從這種大情懷出發，考慮的是國家的利益。孫子之所以建議在間諜戰和情報戰中大筆花錢，也是為了儘量降低戰爭成本，確保以最小的代價換取最大的勝利。

另外，上面這段話中「愛爵祿百金」，漢字學專家裘錫圭先生認為當

---

2 這種風氣似乎從荀子就已經開始（相關論述見《荀子·議兵》），直到宋代達到高峰（比如鄭友賢、戴溪、葉適等），明代和清代則陸續仍有響應（比如閔振聲、俞大猷、汪紱等）。

作「受爵祿百金」[3]，也就是說，「愛」本作「受」。由於一字之差，文義隨之發生很大變化。不過，雖然沒有了「吝嗇」之說，作者重視「用間」的態度仍然是一貫的，沒有因為詞句的差異而發生重大改變。

關於諜報工作的任務，《用間篇》中也提出了幾個具體而又明確的方向：

> 凡軍之所欲擊，城之所欲攻，人之所欲殺，必先知其守將、左右、謁者、門者、舍人之姓名，令吾間必索知之。

孫子認為，諸如「守將、左右、謁者、門者、舍人」等，都是重要而又關鍵的人物，一定要努力知曉他們的具體姓名，所以要求間諜重點打探。很顯然，上述人物既然都身處敵方的要害崗位，不妨也作為行間的重點對象，花費重金進行收買和拉攏。

關於用間的政策和待遇，孫子的主張是「厚賞重罰」。首先是厚賞：「賞莫厚於間。」孫子將間諜分為五類，習稱「五間」。在這「五間」之中，孫子特別重視「反間」，故此主張給予反間特別的厚賞：「五間之事，主必知之，知之必在於反間，故反間不可不厚也。」其次則是重罰：「間事未發，而先聞者，間與所告者皆死。」[4] 當間諜活動暴露之後，參與活動的間諜就需要被處死，甚至連知情人員都要一律殺死。這可能既是出於保密需要，同時也是為了起到懲戒作用，總之，這是一個極其嚴重的懲罰。

在《用間篇》中，孫子對於間諜活動的組織領導者，包括具體的間諜人員，都提出了具體要求。比如，對用間者（指領導人員），孫子提出了三項條件：第一是「聖智」；第二是「仁義」；第三是「微妙」。孫子說：「非

---

3 裘錫圭：《〈孫子．用間〉校讀一則》，載《中原文化研究》（鄭州：河南省社會科學院，2017 年），第 3 期。

4 上述引文均見《孫子．用間篇》。

聖智不能用間，非仁義不能使間，非微妙不能得間之實。」我們認為，孫子所提出的這三項條件似乎隱含著逐級疊加。因為「聖智」似乎是一項基本素質，「仁義」則是對領導人員的道德要求，如果用好了仁義之術，則同時也可視為一種領導方法，與「厚賞」形成相互補充，而「微妙」則更多指的是一種分析判斷能力。這種能力的得來，並不是一件容易的事情，所以在這個排比句的最後提出。當然，這裏的「微妙」，也是孫子對諜報術運用精湛到高深莫測境界的形容。

對於具體的間諜人員，孫子也提出了明確的要求：「上智」。孫子說：「明君賢將，能以上智為間者，必成大功。」在孫子看來，只有「上智」之人才能擔任間諜，才能擔負起行間的艱巨任務，如果能以上智之人擔任間諜，就一定能夠取得極大的成功。這裏的「上智」與「聖智」相彷彿，其著眼點都在「智」，說明智力極高。古人常以「聖」表達那種對最高境界的推崇，「上」則與「下」相對，表明了層次的高低不同。

此外，在《用間篇》中，有關用間的組織領導、行間原則等偵察調研之術，都有一些初步的探討。

對於間諜行動的組織領導，孫子提出了三項原則：

第一項原則是「密」。孫子說：「事莫密於間。」這其實就是對間諜行動提出的「保密」要求。所謂「事」，其實就是間諜行動。在孫子看來，一切間諜行動都必須處於高度機密狀態，各種軍事行動中以間諜行動對保密的要求最高，故此孫子才會說「事莫密於間」，從而將保密要求提到頭等重要的地位。

第二項原則是「親」。孫子說：「三軍之事，莫親於間。」「親」，就是親密和親近。如果細細解讀，孫子這裏的這個「親」字其實有兩重含義。首先，它可以是針對指揮方法而言。因為「親」，所以能夠儘量減少中間環節，實現對間諜的垂直領導，避免因為不必要的環境出現泄密等失誤。其次，它也可以是就領導的態度而言。因為「親」，可以拉近和間諜人員之間的關係，讓他們更好地為自己效忠，獲得更加可靠有用的情報。

第三項原則是「厚賞」。孫子說：「賞莫厚於間。」前面說過，孫子主張對間諜實施重獎重罰，這二者之間，「厚賞」是第一位的。至於拿甚麼作為厚賞之物，無外乎兩種：爵、祿，也就是官爵和金錢。孫子認為，作為將帥一定不能過於吝嗇，只有捨得投入資財，甚至是許以官爵，才能調動廣大間諜的積極性，才能收到更有價值的情報，最終收穫戰場上的成功。

相關間諜人員的組織領導，在西方被稱為「情報力量的管理」。比如，認為「情報是組織」的謝爾曼·肯特提出，對情報力量必須進行恰當的管理，有時候是公開的，有時候是隱蔽的，甚至需要「單獨控制」。[5]這些管理原則，孫子都有或多或少的提及。甚至有些內容，比如「厚賞」原則，更是超出了肯特的思考範圍。

《用間篇》中，孫子對間諜進行了初步分類，並將「五間俱起」作為重要的偵察調研之術。

孫子說：「故用間有五：有因間，有內間，有反間，有死間，有生間。」這其中，因間，當作鄉間。[6]因（鄉）間、內間、反間、死間、生間，就是孫子所云「五間」。緊接著，孫子對「五間」各自進行了定義：

> 因（鄉）間者，因其鄉人而用之。
>
> 內間者，因其官人而用之。
>
> 反間者，因其敵間而用之。

5 謝爾曼·肯特（Sherman Kent）著，劉薇、肖皓元譯：《戰略情報：為美國世界政策服務》（*Strategic Intelligence -for American World Policy*）（北京：金城出版社，2012 年），頁 106。

6 張預注：「『因間』當為『鄉間』。」劉寅《孫武子直解》：「舊本『因間』作『鄉間』」。《戊笈談兵》、《重刊武經七書彙解》、《武經彙解》及四庫本，「因」均作「鄉」。

死間者，為誑事於外，令吾間知之，而傳於敵間也。

生間者，反報也。

上述相關「五間」的定義，都比較明白易懂。鄉間，就是利用鄉人作為間諜；內間，就是以官員為間諜；反間，就是將敵方的間諜策反為我所用；死間，就是以間諜的性命相搏，來換取情報；生間，就是能活著將情報傳回本部。這其中，「死間」稍微費解一些。如果將上述關於「死間」的定義作直譯，那就是：「故意製造假情報，並在外面大肆張揚，讓潛伏在敵人內部的我方間諜知道，進而傳給敵間。」但是，既然是「誑事於外」，我們的間諜已經知道了，敵間也一定會知道，何勞我方間諜傳遞？這種傳遞過程中，會不會增加暴露身份的危險呢？會。所以才會有死間。這其實也就是中國傳世各本有關「死間」的定義。這種定義稍顯複雜，大概的含義也可以理解。

針對「死間」，日本的櫻田本所做定義與中國的傳本有所不同。它是這樣定義的：「死間者，委敵也。」與十一家注本或武經七書本相比，櫻田本所下定義顯然相對簡明，而且非常恰當地説明了「死間」的內涵。而且，如果與「生間」的定義進行比較就可以看出，這兩句正好是相對成文。故此，在中國流傳的各個傳本有關死間的定義很可能是注釋文字衍入。

至於如何運用「五間」，孫子也給出了方法：「五間俱起，莫知其道，是謂神紀，人君之寶也。」所謂「俱起」，意思是同一時間段內一併派出，而「神紀」，意即神妙莫測之道。「五間俱起」，就是孫子的間諜運用之術，或者稱之為諜報術。

孫子之所以強調「五間俱起」，其實是十三篇中一以貫之的「詭道」思想在用間思想中的具體體現。孫子在《計篇》提出了「兵者，詭道」的主張，這一主張實則貫徹十三篇始終，使得《孫子》十三篇充滿了「詭道」之術，以至於獲得「謀者見之謂之謀，巧者見之謂之巧」[7] 的評價。《用間篇》中的「五間俱起，莫知其道」同樣充滿了「詭道」思想，故此才可以說「莫知」。與此同時，「五間俱起」應當還有以下幾個方面的考慮：首先是可以廣闢情報蒐集渠道，「五間俱起」比單一渠道在情報來源上顯然更加廣泛；其次是可以對間諜蒐集到的情報進行驗證，以確保「得間之實」；再次則可以及時發現和有效防止己方間諜炮製假情報來邀功求賞。

當然，孫子雖然主張「五間俱起」，但在「五間」之中也是有所偏重的。在所列「五間」之中，孫子尤其重視「反間」。孫子說：「五間之事，主必知之，知之必在反間，故反間不可不厚也。」據此，我們不妨認為，孫子一直是將反間當成用間的重點，給予格外的重視。孫子又指出：「必索敵人之間來間我者，因而利之，導而舍（捨）之，故反間可得而用之。」敵方派出的間諜，自然掌握很多敵方情況，如果能夠很好地進行拉攏，一方面可以破壞敵方的間諜行動，一方面可以直接從對方間諜身上獲取有價值的情報。

從下面一段話中，我們也可以看出孫子認為用間必須預先確定行動目標，找準用間對象：「守將、左右、謁者、門者、舍人之姓名，令吾間必索知之。」孫子認為，在每一項軍事行動之前，對諸如將要攻打的城池的守將，對方主帥的左右、謁者、門者和舍人等姓名情況，都要通過派出間諜打探清楚。孫子將諸如守將和左右、門人等，都當成了用間的重點目標。這些人其實都是敵方的要害人員，或者說都是一些掌握了核心機密，能影響對方主帥決策的人，所以理應成為行間的重點目標。

7 《孫子十家注遺說並序》。

二

重要地位

孫子的用間理論在歷史上具有重要地位，主要表現在三個方面：

第一，孫子通過《用間篇》首次系統地構建了關於用間的理論體系。在孫子之前，諸如女艾間澆、伊尹在夏、呂尚在殷這些間諜行動都給人們留下了寶貴的用間經驗和思想啟迪，《周易》等古代經典也有情報思想的萌芽和片羽，但是從來沒有人能像孫子這樣做系統的理論總結和深入探討。就這一點來看，孫子的用間理論已經大大超越了前人，完成了情報理論由量變到質變的轉變，從而在古代情報史上樹起了一座難以逾越的理論高峰。

孫子對前人既有繼承，也有發展。孫子的用間理論並非無源之水，它其實是上古用間和情報實踐的產物。在《用間篇》中，孫子特意提到伊尹和呂尚，他們的用間謀略和情報思想不可避免地對孫子產生重要影響。正因為他們二人行間獲得極大成功，孫子對於用間地位和作用的認識才變得更加明晰，更加堅信「明君賢將，能以上智為間者，必成大功」。

孫子極力提倡用間，並且對間諜提出「上智」的要求，已經完成了古代兵學由「仁本」向「詐立」的轉變。上古戰爭，一般標榜以仁為本，「動之以仁義，行之以禮讓」[8]，但是孫子在《計篇》說「兵者，詭道也」，在《軍爭篇》中也說「兵以詐立」，都高舉詭詐用兵和謀略用兵的旗幟，他的「上智為間」和「五間俱起」顯然和兵學思想的這種巨大轉變完全合拍。

第二，孫子冷峻而深刻地揭示了間諜與戰爭的關係。這首先表現在，孫子相信間諜能給戰爭獲勝提供保證，通過巧妙用間，「必成大功」。其次，表現在孫子能夠很好地分清用間與戰爭之間耗費的大小差別。在孫子看來，戰爭行為是「日費千金」的巨大消耗，而用間則是花費「爵祿百金」，二者相比，顯然是極不對稱的。在孫子看來，捨得花費「爵祿百金」巧妙用間，完全是花小錢辦大事，也就是《謀攻篇》等一直強調的以最小的代價換取最大的利益。因此，孫子才會說，如果捨不得這「爵祿百金」，卻要去堅持那種「日費千金」和「相守數年」的戰爭行為，那就是最大的不仁——「不仁之至」。

「不可象於事」，就是反對從過去的事件進行簡單推斷；「不可驗於度」，即反對根據簡單數量關係進行推斷；「不可取於鬼神」則是徹底地與「兵陰陽」劃清界限；「必取於人」則是強調人的主觀能動性。這些富有深刻哲理的論斷，千古以來閃耀著光芒，至今仍然具有重大的啟發意義。

在「必取於人」一句後面，傳本作「知敵之情者也」，簡本作「知者」。「知」同「智」，簡本、傳本均通。但細究起來，「知敵之情者也」和「知者」，都疑為旁注文字衍入。將它們去掉之後，文氣則顯得更加貫通。這種排比句式至少顯得更為緊湊。

值得注意的是，孫子還冷峻地揭示了「用間必用死間」的這個理論，這同樣是基於他對間諜與戰爭關係的深刻認識。在孫子看來，戰爭必然要用間，用間則必用死間，這是一種非常客觀和務實的精神。

---

8 《漢書・藝文志・兵書略》。

西方情報理論家，如馬克 · 洛文塔爾（Mark M. Lowenthal）等人，關注情報倫理問題。馬克 · 洛文塔爾所著《情報：從秘密到政策》一書曾有專門之章討論情報倫理問題。他在書中指出：「重要的倫理標準和道德困境挑戰著情報人員和政策官員，因此我們需要面對。」[9] 在他看來，諸如情報蒐集、隱蔽行動、宣傳行動、情報分析等，都可能牽扯到倫理和道德問題，需要回答諸如理由、意圖、權限等正當性問題。[10]

情報倫理和道德等論題，東方的政治家和軍事家也需要面對。即便是身處 2500 年前，孫子的情報倫理和用間理論必然地也要面對相關論題。比如，就情報活動開展的正當性而言，孫子首先需要討論何為「仁」。借用「仁」的討論，將相關情報倫理學的問題引向深入。孫子認為，不用間諜而導致戰爭失利，那就是最大的「不仁」。就間諜運用而言，孫子並不避諱使用「死間」，這同樣是情報倫理所要面對的論題在孫子看來，使用死間，是戰爭不可避免的行為，需要坦然面對。使用死間，可以通過個體的犧牲來換取集體的勝利，從而降低戰爭成本。孫子的討論雖然不及今日西方理論家深入，但畢竟要早於西方兩千多年，對諜報學理論起到了引領作用。

第三，孫子的用間理論對中國古代情報思想史和中國古代諜戰史具有深遠影響，重視用間，重視情報工作，自此成為中國古典兵學的一個重要特徵。從戰國之後的兵書來看，是這個情形；從戰國之後的軍事鬥爭實踐來看，也是這個情形。明代茅元儀感歎孫子兵學思想的重要影響，曾經這樣説道：「前《孫子》者，《孫子》不遺；後《孫子》者，不能遺《孫子》。」[11]

---

9 馬克 · 洛文塔爾（Mark Lowenthal）著，杜效坤譯：《情報：從秘密到政策》（*Intelligence: From Secrets to Poluy*）（北京：金城出版社，2015 年），頁 403。

10 同上注，頁 403—418。

11 《武備志 · 兵訣評 · 序》。

就中國古典情報思想和用間思想的發生和發展來看，情況也是如此。後世兵家論述情報思想和用間思想，無非都是在孫子的基礎上所做的發揮和發展。即便是有一些批評之聲，那也是試圖「以破求立」，終究是受到了孫子的巨大影響。

漢代，經過漢武帝之力，儒家思想取得了統治地位，孫子的謀略和詭詐思想一度備受批評。中國古代社會，儒家思想長期佔據要津。儒家以仁義道德品評人物的傳統，多少影響了人們對於間諜的看法。許多人看不起間諜，認為間諜就是那種鬼鬼祟祟，整天和陰謀詭計打交道的人。這種觀念在讀書人中間似乎更為普遍，比如宋代王應麟、明代茅坤等學者都認為，把伊尹和呂尚這些他們所推崇的聖人認作間諜，簡直就是「誣聖賢」之舉。這種看法其實是非常片面的。既然戰爭現象本來就無法避免，那麼間諜便自有其存在的理由。況且，間諜也有仁與不仁之分。孫子就曾經說過：「非仁義不能使間。」既然大家都能分清戰爭的正義與非正義，為甚麼就不能區別看待間諜戰中的仁義與非仁義呢？

所以，使用間諜仍然是古往今來無數軍事家的共識。中國古代產生了很多兵書，它們大多承接孫子的用間理論，繼續對用間思想進行深入探討。比如唐代的《唐太宗李衛公問對》、《太白陰經》，宋代的《翠微北征錄》、《武經總要》，明代的《紀效新書》、《投筆膚談》等。《孫子》的眾多注釋家和研究專家都深入挖掘孫子的用間思想，為我們留下了很多精彩的注釋之作，諸如《十一家注孫子》、《武經七書彙解》、《武經七書直解》等作品，都對孫子的用間理論有了進一步的深入和發展，但總體上看，都可視為《孫子》的餘緒。

所以，孫子的用間理論，受到了人們極大的重視。相比批評，贊成的聲音終究屬於多數。間諜本屬無名英雄，但在歷史上留下姓名的重要間諜也有很多，比如漢代末年的張松，五代時期的馬景，宋代的法崧、宇文虛中，明代的夏正等人的成功行間，都在諜戰史上留下了精彩的一頁，同時生動地詮釋了孫子「明君賢將，能以上智為間者，必成大功」的道理。

間諜行事，基本都是秘而不宣，是歷史中的暗影。如果當時的人不知所以，不予記載，後人則更無從知曉，無從稽考。其中最典型的莫如戰國時期的戰略間諜蘇秦，如果不是20世紀70年代馬王堆出土帛書，人們始終難以確定其行間經歷。孫子說：「事莫密於間」，各種間諜活動都需隱匿行跡，因為特殊的工作性質使然。

和間諜隱秘行事相類似的還有小偷。間諜很多時候就是以偷摸為手段，如果不這樣，他們就會徒勞無功，遭到抓捕，就會出師未捷身先死。因為這個緣故，不少人把間諜視同小偷，更多投以鄙夷的目光。殊不知二者在性質上有著本質差別：小偷堪稱社會毒瘤，間諜不是。

間諜行為通常與戰爭息息相關。如果說戰爭現象為人類社會無法避免，那麼間諜自有恰當理由存世。一直以來，人們習慣於將戰爭分為正義和非正義兩種，間諜其實也可以相應地分為仁與不仁兩種，至少不能像對待小偷那樣一棍子打死。在我看來，戰爭或許是人類成長所必須付出的代價，而間諜，總有不少間諜，在執著地努力，試圖使這種代價變得更小。故此，我們需要對間諜持有客觀認識，與那些持迂腐之見的腐儒拉開距離。很多時候，很多間諜都距離戰爭硝烟最近，距離死神最近，卻又能表現出凜然氣概，無所畏懼。不少人欣賞荊軻，欣賞的就是其「壯士一去不復返」的凜然之氣。

三

若干缺失

孫子用間思想固然系統而縝密，但也並非沒有缺陷，至少有以下幾點是孫子用間思想的缺失。

第一，《孫子》十三篇中，相關用間的組織建設或體制建設的討論非常之少。除了《用間篇》討論了「五間」，以及就組織實施用間提出了諸如「親」和「密」這樣的幾條原則之外，就沒有更多內容了。中國古代相關用間的組織建設等內容，戰國時期的《六韜》[12] 等兵書以及《周禮》[13] 等這樣專門討論官制之書，曾多少涉及一些。《六韜》非常簡略，《周禮》則較為詳細，但這些論題在孫子這裏則是遭到徹底的漠視，這應該是其用間思想的第一項缺失。

縱觀中國古代情報史，如果想就情報體制和組織建設等方面進行深入研究是一件非常困難的事情，因為前人為我們留下的資料非常之少。中國古代設官建制，一定不會完全漠視和忘記情報體制——僅從《周禮》便可以見出大概，但史官卻疏於記載，後世學者也疏於探研。有些在當時可能是出於保密需要，沒有辦法大量披露，但也由此造成了後人研究的難

12 相關討論見《六韜．王翼》。

13 相關討論見《周禮．夏官》。

局。情報人員和情報活動研究如此，情報體制研究更是如此。情報工作固然具有一些特殊性，比如説對於情報人員往往更需要進行垂直領導，至於中間環節，能夠簡省的應儘量予以簡省，但是一些基本的組織建設還是必需的，不應當是大片的空白。不管如何，孫子相關情報體制建設的探討是明顯不足的，相比較《六韜》顯出欠缺。

第二，孫子只知用間之利而不知用間之害。從《用間篇》可以看出，孫子對於其用間術是頗為自負的，以至於會發出「微哉，微哉，無所不用間也」這樣非常自得的感歎。也許正是由於有這樣的自負心理，孫子幾乎沒有談及用間之害。孫子在討論兵學思想時尚且能注意「雜於利害」，但在談論用間時則完全忽視。這一點在唐以後受到不少批評。比如《唐太宗李衛公問對》對於用間就有所批評，除了指出「或用間以成功」的一面，也提及「或憑間以傾敗」的一面，乃至最後得出「孫子用間最為下策」[14]的評語。此語雖略顯偏激，但很有辯證思維。宋代大學者蘇洵認為「能以間勝者，抑或以間敗」[15]，進而指出用間可能存有「三敗」:

> 吾間不忠，反為敵用，一敗也；不得敵之實，而得敵之所偽示者以為信，二敗也；受吾財而不能得敵之陰計，懼而以偽告我，三敗也。夫用心於正，一振而群綱舉，用心於詐，百補而千穴敗。[16]

蘇洵能夠對用間採取一分為二的看法，既看到了「上智為間」的成功之處，也看到用間可能導致的「三敗」，可能是受到《唐太宗李衛公問對》的啟發，同時也啟發了宋、明其他的《孫子》注釋家。明代兵書《投筆膚談》

---

14 《唐太宗李衛公問對》卷中。

15 《權書 · 用間》。

16 同上注。

也從理論上更為具體地探討了用間之害：「凡間諜之人，或望敵之風，而傳偽於我，或被敵之虐，而泄情於彼，此皆覆敗之所關也。」[17] 這個緣故，《投筆膚談》作者同樣認為用間屬於「可用而不可恃」。[18] 這與《唐太宗李衛公問對》及《草廬經略》等，在觀點上保持一致，都對孫子有所批評。

第三，孫子用間思想中缺少對困難和失敗的討論，或者是論之不深。如前所述，由於對自己所設計和探討的用間術的自負或自得，孫子在行文中會發出「微哉，微哉」這樣的感歎，但對於用間可能遇到的困難性局面則鮮有提及。清代朱逢甲認為用間可以包辦一切，這似乎受到孫子這種自負的影響，而且一舉將其發展到一個極致。歷史上也有軍事家和政治家對用間的困難進行過討論，並非孫子和朱逢甲這樣劍走偏鋒。比如，明代兵書《投筆膚談》中，作者就曾指出了刺探敵情的困難性：「敵情亦難得……敵不示我以情，亦猶我不以情示敵。」[19] 應當說，這種看法較諸孫子顯然更為全面更為客觀一些。

在《用間篇》中，孫子指出了用間失敗的一種情形：「間事未發而先聞者，間（一本為聞）與所告者皆死。」這裏的「間事未發而先聞」當然是說用間失敗了。既然失敗了，就需要及時提出針對性的解決方案，而且這種失敗也是實際情報活動中經常可能遇到的，所以孫子提出這種失敗案例的討論是很有意義的。但是，他主張立刻把相關人員一概處死，就顯得過於簡單了。殺人會不會暴露更多的間諜人員，尤其是當波及無辜之後，會不會影響其他間諜的士氣和信心，造成人才流失或叛逃對方陣營，對情報戰綫造成更大損失等。因此，針對失敗案例，應該有多種處置方法，比如針對失敗而採取將錯就錯的措施，設計出一種誘敵深入的計策，應該比

---

17 《投筆膚談．敵情》。

18 同上注。

19 同上注。

這種簡單殺人的方法更為高明。實際情報戰綫的鬥爭，一定遠比我們紙面上的研究更加複雜，所以，即便是孫子這樣的謀略家，也有考慮不夠周全的地方。

第四，孫子相關間諜分類的討論尚顯粗糙。如前所述，孫子曾對間諜做過諸如「因（鄉）間、內間、反間、死間、生間」這樣五種分類，但這五分法並不是採用單一標準進行的分類，所以難免會造成各個子項目內涵出現交叉的情況。有人以「其」為標誌，將「五間」分為敵、我兩方：有「其」的三者，即「鄉間」、「內間」和「反間」，都是從敵方收買；沒有「其」的二者，即「死間」和「生間」都是己方派出。這固然是一個分類標準，但是「反間」其實是可以包含前面的「鄉間」和「內間」的，這便造成了子項目之間的重疊和交叉。此外，我們從「五間」中還可以看到孫子其他的分類標準：因（鄉）間和內間，包括反間，似乎是就身份地位高低而分，死間、生間則就間諜性命情況而分，這樣就至少有了兩個分類標準。這樣的分類方法，與現代邏輯學的分類標準不合，頗值得商榷。

正是以上原因，如果以孫子的分類標準為一些著名間諜進行歸類就會出現困難。比如蘇秦、法崧都是著名的反間案例，但他們同時也是死間或生間。據《通典》所保存的材料，唐代李靖曾從用間對象出發做了諸如「間其君、間其親、間其賢、間其能、間其助、間其鄰好、間其左右、間其縱橫者」[20] 等八大類的分類，這種分類較諸孫子，顯然已經有了較大進步。

有意思的是，清代朱逢甲在撰寫《間書》之時，其分類完全因襲孫子，卻沒有注意到孫子的這種分類不夠嚴謹，因而其所列舉間諜，有不少在歸類上都存有疑問。[21] 事實上，這種混亂的根源可以找到孫子這裏來。

---

20 《李衛公兵法》，見《通典》卷 151。

21 已有學者就此提出批評，比如儲道立：《〈間書〉述評》，載《軍事歷史研究》（北京：中國人民解放軍國防大學，1992 年），第 2 期。

四

伊尹、呂尚行間考

孫子在強調用間的重要性和重大作用時，提及了兩個古代人物：伊尹和呂尚。因為遠古時期的史料渺渺，人們一直對此二人的間諜經歷不是非常清楚，下面對他們的間諜事件作大致勾勒。

《用間篇》中說：「殷之興也，伊摯在夏。」孫子所云「伊摯」即伊尹，是我國有歷史記載以來的第一位名相。「伊尹在夏」說的是他深入敵國，長期為商湯擔任戰略間諜，大量收集軍政情報的經歷。這些情報對商湯滅夏起到了重要作用，故曰：「殷之興也，伊摯在夏。」

眾所周知，「負鼎入殷」和「放太甲」是伊尹留給後人最著名的兩件事情。前者說的是他起於廚官，通過不懈的努力終於獲得湯的重用；後者則是說他在任上不懼流言，敢把皇帝拉下馬，將一國之君太甲罷免流放。[22] 通過孫子的著作，我們可以得知，伊尹曾經還有另外一重身份——間諜。伊尹為獲得關於夏桀的第一手情報資料，曾以身犯險，深入敵國，巧妙行間，立有大功。在返回商朝之後，伊尹又根據自己所探得的這些情報，同商湯一起研究制定滅夏的戰略方針，並一舉打敗強敵，平定天下。

---

22 王國維《古本竹書紀年輯校》：「仲壬崩，伊尹放太甲於桐，乃自立。⋯⋯七年王潛出自桐，殺伊尹。」太甲殺伊尹，不見於正史。

呂尚，生卒年不詳。原姓姜，名望，又名子牙。呂尚的祖籍歷來説法不一，一説他為東海上人[23]；一説其先祖起源於寶雞一帶，出自姜姓血統的一個氏族，後來才居住在呂地（今河南南陽西），故此才改姓呂。關於「呂尚」這名字的得來，比較流行的説法是這樣的：由於他在周初任太師之職，被習慣稱為「師尚父」，因此被尊稱為呂尚。因為他同時又是齊國的始封君，故而又有「姜太公」、「太公望」等多種稱謂。按照古史記載，呂尚應該是個長壽翁。因為他受到姬昌重用時已經是晚年了，而且他輔佐周文王姬昌之後又先後輔佐過周武王姬發和周成王姬誦。呂尚不僅享有高壽，同時也堪稱西周政壇的常青樹，為西周王朝的創建和發展壯大，直至擊敗殷商作出了傑出貢獻。

當時，姬周在西，長期受到殷商的壓迫和打壓。殷商在東方也有所牽制，主要是東夷。呂尚認為，東夷其實可以成為西周的盟友，故此決定前往殷商進行間諜活動，主要目的就是對東夷諸國進行策反。古史專家王玉哲説：「周人大概為了牽制紂王在西方的兵力，派遣打入商內部的間諜呂尚，入東夷為之鼓動叛商。」[24] 按照呂尚的設想，此次行間即便不能達成策反東夷諸侯的目的，也一定要爭取讓他們在殷商的後方多製造一些事端，從而牽扯商紂更多的注意力，打亂其兵力配置和戰略部署，為下一步周王的征伐戰爭做好準備。

東夷叛商這一歷史事件，《左傳》中有著明確的記載。[25] 古史專家丁山認為，「東夷叛商與呂尚有關」。[26] 他認為，呂尚的行間是導致東夷叛商的直接原因，「商紂為黎之蒐」與「西伯（周文王）勘黎」是同指一次戰

---

23 《史記 · 齊太公世家》。

24 王玉哲：《中華遠古史》（上海：上海人民出版社，2003 年），頁 484。

25 詳見《左傳 · 昭公四年》。

26 丁山：《商周史料考證》（北京：中華書局，1988 年），頁 191。

爭，且是商和周在黎的一次有名的決戰。[27] 在他看來，東夷的叛亂實與姬周的西綫作戰是遙相呼應的，這才使得商紂首尾不能兼顧，故而落得大敗。所以，呂尚行間的故事尚且沒有被歷史的塵埃完全淹沒。

由於史料闕如，伊尹和呂尚的行間經歷，後人一直不是很清楚，幸而孫子在《用間篇》中做了零星的記載，使他們的間諜行動增加了一些可信度。

山東臨沂出土的漢簡本則與傳本表述存有差異，這便牽涉到與漢簡本的異文比較，還牽扯到《孫子》成書年代問題的討論，故此需要贅述幾句。傳本、簡本各自如下：

傳：昔殷之興也，伊摯在夏；周之興也，呂牙在殷。

簡：……□□在夏。周之興也，呂牙在□。【□□□】□師比在陘。燕之興也，蘇秦在齊。

與傳本相比，簡本多出了兩句。這兩句其實是介紹了兩個間諜，也與《用間篇》的主題相脗合。師衒比這個人，史籍無考，而蘇秦則是至今仍然家喻戶曉的人物。由於蘇秦所處的時代已是戰國中晚期，這一句話的出現不由得不讓人對《孫子》的成書年代產生新的思考。歷史學家齊思和在看到竹簡中的這一句之後，更加確信《孫子》成書於戰國時期。他在晚年編撰論文集時，就用「燕之興也，蘇秦在齊」一句，為自己早年的「戰國成書説」作證。[28] 銀雀山漢墓竹簡整理小組認為：「蘇秦時代遠在孫武之後，簡本數語似可證《孫子》書出於孫武後學之手。或以為

27 同上注，頁 189—191。

28 齊思和：《中國史探研》（北京：中華書局，1981 年）。

此數語當為後人所增，待考。」[29]

在筆者看來，如果重視和認可這一句話，就需要同樣重視和認可銀雀山同期出土的其他竹簡文獻。與此相比，另外的數量更大的同期出土文獻是支持春秋成書說的，和司馬遷的記載形成互相印證。所以，我們似乎不能過分誇大這一句話對《孫子》成書的意義，而是要認真考察它們究竟是不是衍文。目前，學術界主流的觀點是認為這些文字是衍文。[30] 從上下文考察，作者即使是強調用間的重要性，似乎也不必連著舉出四個例證。這樣至少是嚴重影響了文氣的連貫。所以，後面兩句更像是讀者的旁記文字。

有一種觀點認為，傳本中的「昔殷之興也，伊摯在夏；周之興也，呂牙在殷」一句也是衍文。因為這句話與《孫子》十三篇「捨事而言理」的風格是相悖的 [31]，故而也像是後人旁注文字衍入。

29 銀雀山漢墓竹簡整理小組：《銀雀山漢墓竹簡》（一）（北京：文物出版社，1985 年），頁 126。

30 詳參吳九龍主編：《孫子校釋》（北京：軍事科學出版社，1990 年），頁 248；楊炳安：《孫子會箋》（鄭州：中州古籍出版社，1986 年），頁 208；李零：《兵以詐立》（北京：中華書局，2006 年），頁 380。當然，從李零行文之中可以看出，他認定該句為衍文的前提是，《孫子》作者就是孫武。而這似乎和他一貫的《孫子》成書戰國的觀點形成抵牾。《兵以詐立》是李零課堂筆記整理成書，類似這種瑕疵不知是作者本人口誤，還是整理人員筆誤。

31 黃樸民：《先秦兩漢兵學文化研究》（北京：中國人民大學出版社，2010 年），頁 77。

第九章

以情報為支撐

《孫子》「知戰」兵學體系的構建

千年以來，學術界對《孫子》兵學思想體系建構有過不懈的探索，可謂新論迭出，各領風騷。[1] 隨著現代軍事理論的引進，有關解讀呈現出越來越繁複的跡象。各種複雜的表解繁密如蛛網，構思不可謂不巧，製作不可謂不精。這種情形固是孫子學不斷發展的結果，但也多少令人徒生望洋之歎。愚見認為，解讀孫子兵學思想體系，必須抓住「知」、「戰」二字，如此則可化繁為簡，對孫子思想體系的基本理念以及孫子兵學思想的主體內容都會有大致瞭解。

1 參見趙海軍：《孫子兵學思想體系的千年探索》，載《濱州學院學報》（濱州：濱州學院，2007 年），10 月。

一

基本理念：由「知」而「戰」

《孫子》六千言中，「知」字出現 79 次，「戰」出現 75 次[2]，均為高頻詞。二字直接連用，即成「知戰」。「知戰」一詞在十三篇中總計出現 4 次，主要集中在下面一段話：

> 故知戰之地，知戰之日，則可千里而會戰。不知戰地，不知戰日，則左不能救右，右不能救左，前不能救後，後不能救前，而況遠者數十里，近者數里乎？(《虛實篇》)

上面這段話強調的是對作戰地點和作戰時間的把握，即「知戰之地」和「知戰之日」。「知」和「戰」雖不是完全對等的並列關係，但也能充分說明二者之間的密切程度。

《孫子》十三篇中，將「知」、「戰」放在一起同時論述的句子還有很多，茲錄如下：

> 故知勝有五：知可以與戰不可以與戰者勝，識眾寡之用者勝，上下同欲者勝，以虞待不虞者勝，將能而君不禦者勝。此

2　均據《十一家注本》統計。

五者，知勝之道也。(《謀攻篇》)

知彼知己，百戰不殆；不知彼而知己，一勝一負；不知彼不知己，每戰必殆。(《謀攻篇》)

故善戰者，能為不可勝，不能使敵之可勝。故曰：勝可知而不可為。(《形篇》)

吾所與戰之地不可知，不可知，則敵所備者多，敵所備者多，則吾所與戰者寡矣。(《虛實篇》)

知此而用戰者，必勝，不知此而用戰者，必敗。(《地形篇》)

孫子對於五條「知勝之道」的總結，其實可從《計篇》見到一些影子。這些「知勝之道」基本都是從「五事七計」提煉而來。「五事七計」是「廟算」所要計算的基本內容，也是孫子情報工作的重點。[3]「知勝之道」中的這個「知」字，充分體現出作者對於情報的重視和強調，一個「勝」字則鮮明表達出對於戰爭獲勝的追求。所有這些和「廟算」的理念其實是完全一致的。所以，這種「知勝之道」表面上看是探知勝利之道，實際則是將「知」和「戰」緊緊地聯繫在一起。

孫子在「知」和「戰」之間建立起充分的聯繫。孫子認為，由於「知」的不同層次，會導致戰爭出現「不殆」、「一勝一負」和「必殆」這三種不同情況。對雙方情況都熟悉，戰爭就不會有失敗的危險；只知一方情況，就會有一半的勝率；對雙方情況都不清楚，就會每戰都充滿危險。孫子試圖將「知」和「戰」之間的關係予以量化或科學化。

上面這些句子中，「知彼知己，百戰不殆」最為人們熟知。這句話突

3　其實《計篇》中的「廟算」強調「校之以計而索其情」，實則也暗含了一個由「知」到「戰」的內在邏輯。

出強調了情報對於戰爭勝負的影響力，曾被中外軍事家們反復引用。

「戰」，説到底還是要落實到具體的進退、攻守行為上來。十三篇中，「知」與「進」、「退」、「攻」、「守」等具體戰法連用的句子，更是比比皆是：

> 不知軍之不可以進而謂之進，不知軍之不可以退而謂之退，是為縻軍；不知三軍之事，而同三軍之政者，則軍士惑矣；不知三軍之權，而同三軍之任，則軍士疑矣。三軍既惑且疑，則諸侯之難至矣，是謂亂軍引勝。（《謀攻篇》）
>
> 知吾卒之可以擊，而不知敵之不可戰，勝之半也；知敵之可擊，而不知吾卒之不可以擊，勝之半也；知敵之可擊，知吾卒之可以擊，而不知地形之不可以戰，勝之半也。故知兵者，動而不迷，舉而不窮。（《地形篇》）
>
> 故善攻者，敵不知其所守。善守者，敵不知其所攻。（《虛實篇》）
>
> 故不知諸侯之謀者，不能豫交；不知山林、險阻、沮澤之形者，不能行軍；不用鄉導者，不能得地利。（《軍爭篇》）
>
> 故將通於九變之利者，知用兵矣；將不通於九變之利，雖知地形，不能得地之利矣；治兵不知九變之術，雖知五利，不能得人之用矣。（《九變篇》）
>
> 驅而往，驅而來，莫知所之。（《九地篇》）
>
> 凡軍必知有五火之變，以數守之。（《火攻篇》）

孫子重視將、君關係，立足點在戰場指揮權，而他考慮這些問題的基本原則就在於「知」。孫子認為，高明的將帥可以不受國君羈絆，但這樣的將帥一定需要真正的「知兵」，知道甚麼時候可以進攻，甚麼時候應該撤退，也即掌握大軍進退的奧秘。所以，孫子考慮攻守問題，都是基於是否充分掌握敵情，包括對方的外交聯盟力量如何，是否佔據有利的地形，等等。

十三篇中經常可見到「知」與「勝」的連用，這其中其實也暗含了一個「戰」。這樣的例證在各篇俯拾即是：

凡此五者，將莫不聞，知之者勝，不知之者不勝。（《計篇》）

見勝不過眾人之所知，非善之善者也；戰勝而天下曰善，非善之善者也。（《形篇》）

因形而措勝於眾，眾不能知。（《虛實篇》）

人皆知我所以勝之形，而莫知吾所以制勝之形。故其戰勝不復，而應形於無窮。（《虛實篇》）

先知迂直之計者勝，此軍爭之法也。（《軍爭篇》）

知彼知己，勝乃不殆；知天知地，勝乃不窮。（《地形篇》）

從常理觀之，「勝」正是「戰」所要追求的結果，而且只有「戰」，才能「勝」，所謂「不戰而屈人之兵」畢竟不是戰爭的常態。

而且，孫子的「戰」是「善戰」，而這種「善戰」的基礎則是「善知」。既然「見勝不過眾人之所知」尚且不是「善」，那麼這種「知」，一定要超出「眾人之所知」才行。只有這樣，才能算是「善知」，才可為「善戰」打下基礎，最終達成勝利，而且可以求得最大的戰果。

孫子認為，「形兵」的最高境界是「無形」，強調「因形而錯勝於眾，眾不能知」，這可以當成是就保守軍事機密而言（按照今天的標準來看，就是反情報）。但「因形而錯勝」一句卻不能單純地只停留在情報層面，它也可以就戰術機動而言。孫子指出，高明的指揮員必須善於根據戰場形勢，靈活處置，善於變化。只有這樣，才可以做到「應形於無窮」，讓對方無機可乘，己方則可以保持不敗之形。

孫子以「知彼知己，勝乃不殆；知天知地，勝乃不窮」一句作為《地形篇》結尾，是基於「知地」在情報體系和兵學體系中的重要地位，也可以和十三篇「由知到戰」的兵學體系相呼應。而且，《地形篇》的這句話和《謀攻篇》的「知彼知己，百戰不殆」一句，無論是內容，還是句式，都非常相似。所不同者，一個是用「戰」，一個是用「勝」。這種重複現象應該是作者有意強調所致，一定不是錯簡。這種重複，表面上看是突出和強調了「知」的作用，卻也在無意中透露出作者搭建「由知到戰」兵學體系的思路。

二

主體內容：「知」、「戰」並重

如果對《孫子》十三篇進行較為粗略的劃分，可以將其分成兩大塊內容：一塊是「知」，另一塊則是「戰」。孫子以「知」作為一條主綫，系統論述情報思想，以「戰」作為另外一條主綫，詳細展開詭道謀略和戰略戰術。

孫子由「知」出發，構建了以「知論」為核心的系統的情報思想。

孫子的「知」，強調的是「全知」(或謂「盡知」、「四知」)，對彼、己、天、地都要充分掌握。孫子認為，只有做到「四知」，才能確保戰爭勝利。這是一種大情報觀，可以與今天美軍的情報觀實現對接，也和那些僅僅把情報工作視為「知彼」的情報觀有著本質的不同。

「四知」中，以「知彼」最重要最複雜，故此，作者花費大量筆墨對其進行探討，「廟算」理論、「形人之術」、「動敵之法」、「相敵之法」、「用間之法」等，都可視為知彼之法。

「廟算」一詞出自《孫子》的第一篇《計篇》，論述的是戰略情報分析思想，是「校之以計而索其情」，當然也屬於「知彼」的重要內容，乃至是孫子整個「知論」的重要內容。「形人之術」見諸《虛實篇》，作者主張通過一系列「致人而不致於人」的戰法，來實現「形人而我無形」的目標，既探明敵人的虛實情況，同時也能很好地守住己方的重要機密。

「動敵之法」同樣出自《虛實篇》，具體內容為：「策之而知得失之計，作之而知動靜之理，形之而知死生之地，角之而知有餘不足之處。」這些同樣是獲取敵情的重要手段。「相敵之法」出自《行軍篇》，有人稱之為「相敵三十二法」。《行軍篇》主要談了兩條內容：處軍之法、相敵之法，所以「相敵之法」顯然是該篇的主體內容之一。需要指出的是，「相敵之法」雖說完全是基於冷兵器時代的戰場偵察之術，但其中很多方法直至今天仍不失運用價值，尤其是「相敵之法」所強調的透過現象看本質的這一思想方法，尤其具有啟示意義。「用間之法」則構成了《用間篇》的全部內容。該篇系十三篇的最後一篇，但並非是最不受作者重視的內容。恰恰相反，當我們聯繫作者在《計篇》大談「廟算」的戰略情報思想時，就不難看出，作者以「廟算」作為開始，以「用間」作為結束，其中體現的完全是對於情報思想的重視。在《用間篇》，作者初步建構了較為系統的諜報理論，對於間諜的地位和作用、間諜的使用之法、間諜的素質、間諜的賞罰等都有或多或少的論述。在作者看來，用間當為獲知敵情的最重要手段，故此不惜濃墨重彩加以討論。

孫子對於「知己」的重視程度，並不亞於「知彼」，這從《形篇》和《謀攻篇》可以看出。孫子說「不可勝在己」，所以要對己方情況有透徹瞭解，這就是「知己」。孫子的「知勝之道」也是將「知勝」與「知己」建立起密切聯繫，當然是出於對「知己」的重視。「天」和「地」也是非常重要的情報蒐集內容。《計篇》的「廟算」理論中，「天」和「地」都是「五事七計」的重要內容。正由於對「知地」的重視，孫子在《地形篇》和《九地篇》，乃至《行軍篇》、《九變篇》都花費了大量篇幅探討「知地」，研究基於各種地形條件的戰法。

孫子的「知論」可大致分為「形、能、道」三種層次。在《軍爭篇》中，孫子提出了「知形」的概念：「人皆知我所以勝之形，而莫知吾所以制勝之形。」在《地形篇》中，孫子提出「知能」的概念：「將不知其能。」在《用間篇》，作者提出「知道」這一概念：「五間俱起，莫知其道，是謂神紀，人君之寶也。」孫子的「知形」、「知能」和「知道」，其實是情報工作的境界和層次追求。簡單地説，「知形」是較為初級的要求，「知能」是較為高級的要求，「知道」是要求情報工作人員努力掌握情報工作中一些帶有規律性的內容，所以能夠代表情報工作的更高境界。

如果按照現代軍事理論，我們也可以將孫子的「知論」劃分為戰略、戰役、戰術三個層次。比如，諸如「五事七計」這些內容應該屬於戰略情報層面的內容，而「相敵之法」則更多地屬於戰術情報層面的討論。

總之，十三篇由「知」為主綫，構建了非常系統的情報思想。這些內容佔據了相當大的篇幅，是孫子兵學思想中不可忽視的重要內容。因為這個緣故，不少日本學者甚至將《孫子》完全當作一部情報學專著。

「知」的終極目的是「知勝負」和「知可以戰與不可以戰」，説到底，是為了求「勝」，或者説是由「先知」求「先勝」。《孫子》十三篇多次提及「先知」這一概念。《用間篇》中，作者不僅指出了「先知」的重要性，同時也就如何做好「先知」提出了幾條原則：「不可取於鬼神，不可象於事，不可驗於度」和「必取於人」。強調「先知」，是為了「先勝」。所以，與「知論」相應的是，《孫子》十三篇有更為豐富更為精彩的「戰論」。這就是與詭道思想相伴的系統的戰略戰術思想，也可稱為戰爭之法。

《孫子》提出了一系列的作戰理論。相關這部分內容，一直是孫子研究的重點內容，人們已經做過非常詳細的研究，這裏不再詳細展開，只作一些簡單的概括。

《孫子》主張「先勝而後求戰」，故此在戰爭開始之前要充分做好各種準備工作，尤其是後勤保障工作。當戰爭開始之後，則要努力地通過「致人而不致於人」的種種戰術，努力掌握戰爭主動權，同時儘可能地通過「形人而我無形」等種種手段，形成「我專而敵分」的態勢，即與敵人相比處於絕對的優勢，以此來奪取戰爭的勝利。

在《計篇》中，作者旗幟鮮明地提出了「兵者，詭道也」這一著名論斷，隨即便推出他的「能而示之不能，用而示之不用」等「詭道十二法」。在《計篇》之後，探討和設計「詭道之法」，也成為其餘諸篇最為重要的主題。尤其是從《形篇》到《九變篇》，作者大量探討「示形」、「造勢」、「虛實之術」、「用兵變法」等多變戰法，幾乎都是圍繞這個主題展開。所以，孫子大量討論的這些謀略之術和詭詐之術，便是孫子戰爭之法的核心內容。孫子主張「兵以詐立」，是對用兵原則最為凝練的概括之詞。

孫子的戰爭之法，似以進攻為重。相比防守而言，孫子明顯更偏愛進攻。十三篇中，有以「謀攻」為主題的專篇，卻沒有以「謀守」為主題的專篇，便是生動的證明。孫子的進攻戰法多為智取。「十則圍之」、「五則攻之」、「能而示之不能」等，都是緊緊圍繞「以智謀攻」。[4] 孫子主張速決戰，也即《作戰篇》說的「拙速」。孫子主張通過快速和突然的進攻，力圖達成「攻其無備，出其不意」的效果，掌握作戰主動權，進而取得戰爭的勝利。此外，孫子於戰爭之術，特別強調變通，要求靈活運用各種戰法。《軍爭篇》的「高陵勿向」等「用兵八戒」，《九變篇》的「途有所不由，軍有所不擊」等「九變之術」，總結了前人的戰勝之道，但更加強調變化，堅決反對各種墨守成規，而是希望以靈活多變的戰法打敗敵人。

通讀十三篇，我們不難看出，由「知」到「戰」的理念，對孫子構建兵學思想體系起到了重要作用。《孫子》兵學思想氣象萬千，最終都逃不出這兩個字。在筆者看來，《孫子》十三篇未必是《漢書．藝文志．兵書略》中著錄為「兵權謀」之首的「《吳孫子兵法》八十二篇」，而更像是

4 楊丙安校理：《十一家注孫子校理》（北京：中華書局，1999 年），頁 29。

著錄在《諸子略》中的「《孫子》十六篇」[5]，但通過對孫子兵學思想的整體考察，其主體內容又完全符合《漢書．藝文志．兵書略》所述「先計而後戰」的「兵權謀」的特徵。認真考察《計篇》，則可以更加清楚地看出這一情形。孫子的「知論」實則就是「計」，緊接著「知論」之後，在完成了情報信息的優化處理和定量分析之後，就是研討作戰之法，也即所謂「戰」的內容。所以我們說，「知」和「戰」構成了孫子兵學思想的主體內容。黃樸民先生總結《孫子》有「二字箴言」，其一為「算」，其二為「騙」。這裏的「算」大約相當於「計」，「騙」則可認為是戰爭之法。「二字箴言」和「先計而後戰」說的其實是一個意思。也就是說，情報術和作戰方法是孫子兵學思想中最基本、最重要的內容。

5　熊劍平：《〈孫子〉著錄考》，載《軍事歷史》（北京：中國人民解放軍軍事科學院，2010 年），第 5 期。

三

常見誤讀：「知」、「戰」偏執

《孫子》十三篇的主體思想實際上就可以分為兩大塊，一塊是「計」，也即「知」，其中主要是情報思想和決策思想，另外一塊則是「戰」，研究的是戰爭之法。換句話說，「知」是在為戰爭找依據，找準星，「戰」則是進入具體的操作層面。孫子的戰略戰術，都是由「知」而逐步展開。

孫子基於「由知而戰」的理念搭建兵學思想體系，敏銳地抓住了相關戰爭的核心問題，在兵學史上具有劃時代意義。孫子所確立的情報先行原則，擺脫了古軍禮的束縛，和他的詭道戰術極好地呼應起來，受到歷代軍事家們的繼承和重視，成為中國傳統兵學的一個重要特色。

《孫子》的「先知而後戰」，用《漢書．藝文志》的語言表述，就是「先計而後戰」，用《孫子．計篇》的語言表述則是「先察而後為」。其中，「知」和「察」一定在先，「戰」則一定在後。這個次序非常重要。做到了這一點，就是戚繼光所說的「算定戰」，也即打有準備的戰爭。如果「戰」在先而「知」在後，那就是毫無準備的糊塗仗，只能等著接受失敗。在孫子眼中，「知」和「戰」同等重要，都需重視，不可偏廢。「知」和「戰」，正是孫子兵學思想的兩翼，缺一不可。它們圍繞著一個共同的目的——戰爭獲勝，是構建孫子兵學思想體系兩個重要的支撐。

孫子情報先行原則體現了鮮明的唯物精神。因為其情報工作所關注的重點就是敵我雙方的實力對比，務必要客觀和務實，來不得半點主觀臆斷。孫子之所以重視「知」，重視「察」和「計」，正是要對敵我雙方的實力有客觀評價，從而決定戰或不戰，如何戰。所以，「察」的核心要義就是考察那些決定戰爭勝負的客觀條件，真實評估雙方的軍事實力。而且，孫子既重視「廟算」，又重視「詭道」，既重視「知」，也重視「戰」，體現了其軍事思維辯證的一面。在孫子看來，戰前的實力考察和戰場的謀略用兵是贏得戰爭的不可或缺、同時並重的兩手，而且是先計後戰的兩手。兩手並重，才是戰爭獲勝的基礎。

總之，「由知而戰」、「知戰並重」思想是孫子軍事思想的一筆寶貴遺產。孫子的「知」幫助軍事家們確定了情報先行原則，孫子的「戰」則為後人留下了大量精彩的戰略戰術。但這一點，歷史上乃至今日，有不少孫子研究專家對孫子的理念和思路都有認識不夠之處，具體表現就是，對於「知」和「戰」往往偏執一邊。一部分人只抓住「知」，從而將《孫子》解讀為一部情報學專著，另外一部分人則熱衷於戰略戰術的討論，對於其中豐富的情報思想缺乏足夠的認識，缺少研究熱情。

日本研究專家就非常重視「知」，甚而由此對日本情報文化產生了深刻影響。他們重視情報思想，重視《用間篇》。他們認為《孫子》十三篇其實就是以「知彼知己」情報思想貫徹始終，以《計篇》開始，並以《用間》結尾，都是出於對情報的重視和強調。

首先提出這個看法的是日本江戶時代的兵學家山鹿素行。在所著《孫子諺義》中，山鹿素行認為，《孫子》是一個完美的整體，而貫穿始終的就是「知彼知己」的情報思想。他的這一觀點在日本得到不少認可，佐藤堅司甚至由此而稱讚他「把握住了《孫子》的真諦」。[6] 德田邕興則幾乎完

6 佐藤堅司：《孫子研究在日本》（北京：軍事科學出版社，1993 年），頁 31。

全沿襲他的觀點，同樣認為：「十三篇以用間而終，結其要，意在用兵之時，察敵情為第一要務，是始計也。」[7]

有些日本學者由此出發，進而認為《孫子》十三篇都是在講用間和情報。山鹿素行曾對《孫子》十三篇做出這樣的分析：《始計》、《作戰》和《謀攻》是講「知己、知彼、知天、知地」，《軍形》、《兵勢》和《虛實》則是講「知己」，《軍爭》、《九變》和《行軍》是講「知彼」，《九地》和《地形》則是講「知地」，《火攻》則是講「知天」，最後的《用間》再次回到「知彼、知己、知天、知地」。[8]

日本學者的這種分析方法影響很大，一度被認為出自日本人的創新研究，但它其實源於我國宋代學者鄭友賢的直接啟發。鄭友賢認為，《孫子》從《計》篇開始，又以《用間篇》結束，其實是作者重視「索其情」的結果，而且是「從易而入難，先明而後幽」。[9] 這種分析方法看到了「知」這條綫，故此抓住了一個非常獨特的視角，找到了孫子安排結構和篇次的內在邏輯，固不失為一個聰明的辦法。但是，以山鹿素行為代表的日本學者，卻認為十三篇兵法全部是在討論情報，尤其偏執於「知」，完全沒有看到「戰」，《孫子》兵學的兩大塊內容，被他們活生生扔掉一大塊，這就是對《孫子》的誤讀。[10]《孫子》固然強調用間，花費了很多篇幅討論情報，但絕不是全部圍繞用間和情報而展開。《孫子》是一部戰爭之法，不能單純視為情報學專著。

與日本人這種過於強調「知」的做法形成對比的是，中國的部分學者

---

7 德田邕興：《孫子事活抄》，轉引自同上注，頁 107。

8 同上注，頁 31。

9 鄭友賢：《十家注孫子遺說並序》。參楊丙安校理：《十一家注孫子校理》，頁 328。

10 熊劍平：《日本的〈孫子〉研究》，載《軍事歷史研究》（北京：中國人民解放軍國防大學國家安全學院，2011 年），第 2 期。

有意無意地忽略了「知」，至少沒有把「知論」擺在應有的高度上來。

這種現象或許與中國古代社會長期受儒家思想影響有一定關係。儒家思想長期佔據社會要津，以仁義道德品評人物的傳統，多少影響了人們對於間諜的看法。許多人將間諜視為那種鬼鬼祟祟、整天和陰謀詭計打交道的人，因而對孫子立足於詭道的情報思想也多持批評之論。宋代王應麟、明代茅坤、清代汪紱等認為，孫子將伊尹、呂尚説成是間諜，是對「聖人」的誣陷，主張將相關句子刪除。[11] 唐代兵書《唐太宗李衛公問對》曾嚴厲批評孫子的用間思想，認為「用間最為下策」[12]，把孫子精心探討的情報術完全拋棄一邊，反而更加倚重從公開渠道蒐集到的情報。到了宋代，很多學者已經不僅僅批評孫子的用間理論和情報術，甚至對孫子的詭道之術都充滿批評和質疑。南宋戴溪批評孫子「有餘於權謀而不足於仁義」[13]，高似孫則批評孫子「捨正而鑿奇，背信而依詐」。[14] 戴著這種有色眼鏡研究《孫子》，不會將孫子構思精巧的情報術放在心上，也不會對孫子的「知論」有甚麼深刻理解。

革命領袖毛澤東顯示出與眾不同的眼光。作為軍事家的毛澤東非常看重孫子的「知」，曾幾次引用《孫子》的名句「知彼知己，百戰不殆」。只是他習慣寫成「知己知彼，百戰百勝」[15]，「知己」放在前面，和孫子稍有不同。這個小小改動，可能是受到「從 13 歲至 22 歲熟讀牢記《盛世危

---

11 在《困學紀聞》中，王應麟這樣寫道：「（孫子所謂伊尹間諜云云）此戰國辯士之誣聖賢也。」在《唐宋八大家文鈔》中，茅坤説道：「三代之得天下，其所以異於後世者，惟不求而得之耳。世之論伊尹、太公，多以陰謀、奇計歸之。」在《戊笈談兵》中，汪紱認為，孫子將伊尹説成是反間，本是「重誣聖人」。

12 《唐太宗李衛公問對》卷中。

13 《將鑒論斷．孫武》。

14 《子略．讀〈孫子〉》。

15 董志新：《毛澤東早年接觸〈孫子〉綫索考察》，載《軍事歷史研究》（北京：中國人民解放軍國防大學國家安全學院，2001 年），第 1 期。

言·序言》中孫子名句」[16] 的影響，也可以認為是，毛澤東在知彼、知己二者之間，更強調「知己」。進入當代，隨著孫子研究走向深入，已經有不少學者注意到孫子的「知戰」思想，尤其是「知論」的重要性。張曉軍等學者指出：「『知』貫穿於《孫子兵法》的始終，這是孫子論兵的出發點，也是孫子論兵的歸結點。」[17] 鄒永初認為：「《孫子兵法》論及最多的是知與戰的關係問題。」[18] 孫子情報思想和兵學思想研究，無疑會由此而進一步深入。

16 同上注。

17 張曉軍、許嘉：《「知」與〈孫子兵法〉的理論體系》，載《濟南大學學報》（濟南：濟南大學，2001 年），第 1 期。

18 鄒永初：《孫子「知戰」思想探析》，載《濱州學院學報》（濱州：濱州學院，2012 年），第 1 期。

四

《孫子》「知論」的影響

《孫子》以「知戰」完成兵學思想體系構建，以情報為出發點，突出了以「知論」為核心的情報思想。孫子的這些理論受到《周易》「知幾論」的巨大影響，也在中國古代情報史上產生了非常深遠的影響。本書將在最後一章做詳細介紹，這裏僅就「知論」的影響情況進行一番簡要介紹。

就戰國時期來看，《孫子》以「知論」為核心的情報思想，對《吳子》的「料敵」，《呂氏春秋》的「察微」、「先識」、「知化」和《管子》的「遍知」、「知意」等思想，都產生了深刻影響。可以說，以情報——「知」為出發點，立足「戰」，進而追求打贏，逐漸成為古代軍事家們的共識。

《呂氏春秋 · 知化》中說：「聖人之所以過人，以先知，先知必審徵表，無徵表而欲先知，堯舜與眾人同等。」這種對於「先知」的追求，與《孫子》沒有甚麼差別。《呂氏春秋》的作者認為，每一事件的發生，其開始階段皆如「秋毫」。作為情報工作者，必須要「先知」和「知始」，在這個基礎之上，再力求對事物作更深瞭解，把握其發展變化乃至預見到久遠的未來，即所謂「知化」、「長見」。這可以從《周易》的「知幾論」尋出淵源，更可以從《孫子》的「知論」中找到清晰的發展脈絡。

孫子「知論」的層次區分，對《管子》情報思想產生了重要影響。與《孫子》的「先知」相似，《管子》反復強調「早知」，所謂「早知敵則獨行」[19]，認為將帥只有先機掌握好敵情，才能在戰場上打勝仗。《管子·地圖》中有一句名言：「知形不如知能，知能不如知意。」在《管子》看來，情報工作存在著一個從「知形」到「知能」再到「知意」的逐級遞進的境界追求，而「知意」則是情報工作的終極追求。與《管子》相比較，孫子的「知形」和「知能」幾乎沒有甚麼差別，「知道」則與《管子》的「知意」稍有差別。因為《管子》的「知意」強調的是探知敵人的意圖和動向，而《孫子》的「道」則是強調「間術」一類的內容，要求把握情報工作的規律。但不管如何，我們都可以看出，《管子》「知意」的情報思想其實是對《孫子》實現了繼承和發展。

再拿唐代兵書《唐太宗李衛公問對》來看，該書的情報觀對孫子的「知論」有很多繼承。比如就孫子的「廟算」理論，《唐太宗李衛公問對》結合「淝水之戰」這樣的具體戰例研究加以解釋，表達了作者對孫子「廟算」思想的一種理解，這是一種較為忠實的繼承。當然，《唐太宗李衛公問對》在談論「知彼」問題時又有了新的內容。作者認為，「知彼知己」的關鍵是詳審「敵之心、敵之氣」與「己之心、己之氣」。這裏的「心」，實則指敵我雙方的戰略意圖、作戰決心等，而「氣」則是指敵我雙方的鬥志、力量對比等。從中可以看出其對孫子「知論」的熟悉和堅持，也能看出其翻出己意、發展和創新的一面。

戚繼光在《紀效新書》、《練兵實紀》等軍事著作中，提出了「算定戰」的思想。他把作戰類型分為「算定戰」、「捨命戰」和「糊塗戰」三種，只提倡佔據充分的情報，經過周密分析和籌劃的「算定戰」。這其實是對孫子廟算理論和戰略情報分析思想的繼承和發揚。戚繼光以「算定」二字替換孫子的「廟算」，可能是因為禮制變遷等歷史原因，也可能是出於語

19 見《七法》、《兵法》、《修權》等篇。

言表達的需要，但其中的靈魂完全得之於孫子，是對孫子「知論」的延續和發展。如果細細考究，「算定戰」是「算定而戰」，既有「知」的含義，也有「戰」的內容，更像是對孫子「知戰」兵學思想的忠實繼承。

總之，《孫子》以情報為出發點，構建「知戰」兵學思想體系，對於中國古典兵學產生了深遠影響。明代茅元儀曾經就此發出這種感歎：「前《孫子》者，《孫子》不遺；後《孫子》者，不能遺《孫子》。」[20] 就中國古典情報思想的發生和發展而言，情況確實如此。

20 《武備志 · 兵訣評 · 序》。

第十章

以情報貫穿始終

《孫子》篇次的精妙安排

孫子以「知戰」構築兵學思想體系，充分反映出其對情報的重視。考察《孫子》十三篇的篇次安排，也可看出作者對情報的重視程度。銀雀山出土竹簡本《孫子》之後，有專家認為《孫子》的篇次安排可能並不是以《用間篇》為結尾，似乎推翻了一直以來的觀點。孫子是不是以「知戰」搭建兵學思想體系，也要打個大大的問號。

經過對銀雀山出土文獻進行考察，相關《孫子》篇題部分的文獻，主要是一塊殘破的木牘。我們認為，這塊木牘更主要的是為我們提供了一些相關《孫子》古本篇題的重要信息，至於相關《孫子》古本篇次的情況，也有可以依據的一些重要信息，卻遺憾地因為木牘過於殘破而無法一一坐實。據現有研究，這種篇次與傳本相比，存有較大差別。如何看待這些差別？究竟哪一種篇次編排更為合理？情報在十三篇中的地位是不是要大打折扣？這些問題都值得我們深入研究。

一

簡本篇次考察

研究銀雀山出土的殘損嚴重的木牘，除了可以對《孫子》古本的篇題情況獲得一些直觀認識之外，也可以對其篇次情況做一些大致的瞭解。從木牘殘存文字我們可以看出，簡本《孫子》的篇次與傳本的篇次，存在著較大的出入。銀雀山漢墓竹簡整理小組曾就該木牘對簡本篇次情況，發表了一些簡短的意見：

> 據此牘可知簡本《孫子》十三篇篇次與今本有出入。今本《虛實》在《軍爭》之前，簡本在《軍爭》之後，屬下卷。今本《行軍》在《軍爭》、《九變》之後，簡本在《軍爭》之前，屬上卷。今本《火攻》在《用間》之前，簡本在《用間》之後。由於木牘殘缺，簡本十三篇的篇次還不能完全確定，所以本書釋文仍按今本篇次排列。[1]

這段話先是發佈在文物出版社 1976 年出版的簡體橫排本《孫子兵法》中，後又被原樣收入 1985 年精裝本。在這兩本出版物中，相關簡本的釋文基本按照今本篇次排列。我們如果用這段話來對照木牘圖片，便可以得

1　銀雀山漢墓竹簡整理小組：《孫子兵法》（北京：文物出版社，1976 年），頁 93。

知，就木牘所能提供解讀的信息，整理小組的專家們已經進行了如實的歸納和總結。而他們所得出的「不能完全確定」的結論，也應該是可信的。當然，或許有人會對整理小組只是採取簡單趨同傳本的做法感到有些可惜，但在筆者看來，這是基於木牘殘損現狀做出的一種無奈之舉，多少也體現出專家們實事求是的精神。不妄加推測、不妄下斷語，未嘗不是對包括木牘在內的出土文獻的一種尊重和保護。

或許正是因為木牘的殘損嚴重，導致學術界對簡本篇次的研究興趣始終不大，相關論文難得一見，只有李零等少數學者關注到這個論題。

李零曾對篇題木牘進行過深入研究，對簡本的篇題提出了一些獨到的見解。在他看來，三排五行的文字中，有八個篇題是可以釋出或補釋出的，而有待確定位置的一共是五篇。於是，李零嘗試對這五篇的篇題位置進行確定，最終得出簡本篇次：

> 一、《計》；二、《作戰》；三、《埶》；四、《刑》；五、《謀攻》；六、《行軍》；七、《軍爭》；八、《實虛》；九、《九變》；十、《地刑》；十一、《九地》；十二、《用間》；十三、《火攻》。[2]

李零作出這樣的推測，有一個重要的前提，即他自己所說：第一行是書題，最後一行「七埶（勢）」不是篇題，而是與「勢」有關的後七篇的統稱。這樣，三排五行便一定只是十三個篇題，和傳本及《史記》等能求得一致。李零後來否定了他所猜測的木牘第一行為書題的說法，改而認為是記有《孫子》篇數[3]，而他對於「七埶（勢）」的認識似乎沒有發生變化，仍然認為篇題木牘包含了十三個篇題，所以他當初用來推測簡本篇次的前

2　李零：《〈孫子〉篇題木牘初論》，載《文史》（北京：中華書局，1983 年），第 17 輯。

3　李零：《〈孫子〉十三篇綜合研究》（北京：中華書局，2006 年），頁 415。

提依然存在。可能正是這個緣故，雖然他的篇題木牘論文幾經整理出版，但關於簡本篇次的推論，始終保持原樣不變。

李零推測簡本篇次的過程非常精妙，但也不能說是盡善盡美。愚見以為，李零至少忽視了兩點：第一，「□刑」其實不能完全坐實為《地形》，把「□刑」等同於《地形》，一方面是沒有注意到武經七書本尚且有《軍形》這樣的篇題，另一方面則是無形之中受到了傳本篇次的干擾和影響。既然已知傳本、簡本篇次存有重大差異，我們就不能根據傳本《九地》前是《地形》，而將篇題木牘中的「□刑」也坐實為《地形》。第二，篇題木牘中的「七埶（勢）」也不能完全從篇題中排除出去，它不一定如李零所說，是七個有關「勢」的統稱。如果確系統稱的話，《勢篇》卻沒有被包含進來，似乎很難讓人接受。如果「七埶（勢）」果真是篇題，那麼顯然應該將其作為簡本的最後一篇，而不是《火攻》或《火隊》。所以，這樣打量李零相關簡本篇次的推測，就會覺得其中仍然有可值得商討之處。至少是不能讓我們百分之百地信服。

如果諸如李零這樣對於《孫子》有著精深研究的專家，尚且不能提供一個讓人完全信服的簡本篇次，那麼我們還不如回到當初，回到銀雀山漢墓整理小組的認識上來。在前面，我們已經介紹過，整理小組的專家們在經過考察後，判斷認為：「簡本十三篇的篇次還不能完全確定。」基於這個態度和認識，他們在出版相關釋文時，一律按今本篇次進行排列。這種態度、認識和結論，雖稍顯保守和無奈，沒有充分利用出土木牘所提供的信息，但也不失為一種實事求是的做法。

二

傳本篇次考察

我們不妨再考察一下傳本的篇次。相對於簡本篇次的模糊難辨，傳本《孫子》的篇次則是非常明確的。無論是武經七書本，還是十一家注本，甚或是日本出現的櫻田本，雖則具體篇題有些差別，但在篇次上都能大致保持相同。

較早關注《孫子》篇次問題的首先要數南宋張預。在注釋《孫子》時，張預特意對每一篇的篇題都有留意，尤其重視發掘十三篇之間的內在聯繫。我們把這些文字彙集起來，或許可以見出張預對十三篇內在邏輯的理解和把握。

> 管子曰：「計先定於內，而後兵出境。」故用兵之道，以計為首也……
>
> 計算已定，然後完車馬，利器械，運糧草，約費用，以作戰備，故次《計》……
>
> 計議已定，戰具已集，然後可以智謀攻，故次《作戰》……
>
> 形因攻守而顯，故次《謀攻》……
>
> 兵勢已成，然後任勢以取勝，故次《形》……

《形篇》言攻守，《勢篇》說奇正。善用兵者，先知攻守兩齊之法，然後知奇正；先知奇正相變之術，然後知虛實。蓋奇正自攻守而用，虛實由奇正而見，故次《勢》……

以軍爭為名者，謂兩軍相對而爭利也。先知彼我之虛實，然後能與人爭勝，故次《虛實》……

變者，不拘常法，臨事適變，從宜而行之之謂也。凡與人爭利，必知九地之變，故次《軍爭》……

知九地之變，然後可以擇利而行軍，故次《九變》……

凡軍有所行，先五十里內山川形勢，使軍士伺其伏兵，將乃自行視地之勢，因而圖之，知其險易。故行師越境，審地形而立勝。故次《行軍》……

用兵之地，其勢有九。此論地勢，故次《地形》……

以火攻敵，當使奸細潛行，地里之遠近，途徑之險易，先熟知之，乃可往。故次《九地》……

欲素知敵情者，非間不可也。然用間之道，尤須微密，故次《火攻》也。

上面這段話是從十一家注本張預所注篇題中節錄出來，各篇之間以省略號隔開。從中可以看出，張預對於《孫子》各篇的內在聯繫，進行了較為深入的考察，也對傳本《孫子》的篇次安排做出了非常精妙的解釋。在張預看來，《孫子》十三篇就是一個渾然天成的整體，不可割裂，連各篇先後順序的安排都是井然有序，富有深意。

張預對於《孫子》篇次的解釋，獲得了不少好評。比如軍事理論家蔣方震就曾發出這樣的稱讚：「惟張預於每篇題目之下，間記其編次之意。」[4] 民國時期另外一位注釋家支偉成，也對《孫子》的篇次安排做出瞭解釋，但大抵都是張預之說的翻版，並不能跳出其藩籬。[5]

除張預之外，鄭友賢也注意到《孫子》篇次安排得精妙。鄭友賢認為，從《計篇》開始，以《用間篇》結束，其實自有作者深意。《計篇》中說，「故經之以五事，校之以計，而索其情」，而《用間篇》所說正是「索其情」，所謂「計待情而後校，情因間而後知」。故此，在鄭友賢看來，以《計》為始、以《用間》為終的這種安排，是「從易而入難，先明而後幽，本末次序而導之，使不惑也」。[6]

鄭友賢對《孫子》篇次的解讀，所提及的雖然只是一始一終，但其著眼點也是在《孫子》的整體性，所關注的是十三篇的內在結構。故此，這種討論其實是很有深度的。鄭友賢的這種分析之法，可能也對日本的孫子研究專家產生了影響。日本學者研究《孫子》，一向非常重視《用間》，認為《孫子》十三篇其實是以「知彼知己」的情報思想貫徹始終，以《用間》作為結尾，其實是為了重視和強調。

首先提出這一看法的是山鹿素行。在所著《孫子諺義》中，山鹿素行認為，《孫子》是一個完美的整體，而貫穿始終的就是「知彼知己」的情報思想。這一點得到不少日本人的認可，佐藤堅司甚至由此而稱讚他「把握住了《孫子》的真諦」。[7] 另外一位日本研究專家德田邕興幾乎完全沿襲了山鹿素行的觀點，同樣認為：「十三篇以用間而終，結其要，意在用兵

4 蔣方震、劉邦驥：《孫子淺說．緒言》（房西氏抄本，1915 年）。

5 支偉成：《孫子兵法史證．孫子篇目述義》（上海：上海泰東圖書局本，1934 年），影印本。

6 鄭友賢：《十家注孫子遺說並序》。參楊丙安校理：《孫子十一家注校理》（北京：中華書局，1999 年），頁 328。

7 佐藤堅司：《孫子研究在日本》（北京：軍事科學出版社，1993 年），頁 31。

之時，察敵情為第一要務，是始計也。」[8]

當然，如果由此出發認為《孫子》十三篇都是在講用間，就很值得商榷了。據佐藤堅司介紹，山鹿素行曾按照自己獨特視角，對《孫子》十三篇做出這樣的分析：《始計》、《作戰》和《謀攻》是講「知己、知彼、知天、知地」，而《軍形》、《兵勢》和《虛實》則是講「知己」，《軍爭》、《九變》和《行軍》是講「知彼」，《九地》和《地形》則是講「知地」，《火攻》則是講「知天」，最後的《用間》是再次回到「知彼、知己、知天、知地」。[9] 用這種方法分析十三篇的結構，表面上看，似乎是抓住了一個非常獨特的視角，但其實是對《孫子》的誤讀。[10]《孫子》固然強調用間，但絕對不會是全部圍繞用間而展開。

與日本學者有所不同，蔣方震承接鄭友賢的思路，對《孫子》篇次做出另外一種解讀。如前所述，蔣方震對張預解讀《孫子》篇次的視角進行了讚揚，同時又批評張預「不能曲盡其妙」，故此，他對《孫子》十三篇提出了另外一種解讀方式：「十三篇結構縝密，次序井然，固有不能增減一字，不能顛倒一篇者。計篇第一，總論軍政平時當循正道，臨陣當用詭道，而以廟算為主，實軍政與主德之關係也。第二篇至第六篇論百世不易之戰略也。第七篇至第十三篇論萬變不窮之戰術也。」[11] 在蔣方震看來，《孫子》以《計》為首，又以《用間》為終，其實是反映了作者「以主德始，以廟算終」[12] 的思想。如果我們聯繫蔣方震在《孫子淺說》中對《計篇》的解讀——「此篇論治兵之道，在於廟算」，不妨將蔣方震前面的表

8 德田邕興：《孫子事活抄》，轉引自同上注，頁 107。

9 同上注，頁 31。

10 熊劍平：《日本的〈孫子〉研究》，載《軍事歷史研究》（北京：中國人民解放軍國防大學，2011 年），第 2 期。

11 蔣方震、劉邦驥：《孫子淺說．緒言》。

12 同上注。

述換一種說法：「以廟算始，以廟算終。」《孫子》確乎重視「廟算」思想，以「廟算」思想貫穿十三篇終始是可能的。而日本學者所看到的「用間」思想，只可以說是孫子「廟算」思想中的一個部分而已。由「五事七計」，我們可以得知孫子確是重視用間，但如果只是抓住「用間」而不及其餘，就只能說是得其一偏，並未抓住其真正要領或精神實質，故此，我們不妨認為這是對《孫子》的一種誤讀。視角雖然獨特，卻不足稱道。而相比之下，蔣方震的解讀似乎是承接鄭友賢而又有所發展，真正抓住了十三篇結構安排的內在靈魂。

三

篇次差異探析

通過對簡本、傳本篇次進行考察，我們可以得到這樣兩個大致的印象：第一，就出土篇題木牘來看，簡本的篇次很難排定。第二，傳本篇次的安排經過了精心設計，首尾呼應，具有一定的合理性和邏輯性。

銀雀山出土的《孫子》篇題木牘，除了有部分內容因字跡漫漶而無法得到確認之外，諸如「七埶（勢）」這樣字跡清晰可辨的也不能確定地從篇題中排除，因為它並不一定是七個與「勢」有關的統稱。此外，「□刑」未嘗不可被解讀為《軍形》，至少是不能完全坐實為《地形》。在這種情況下，對簡本的篇次進行排列，頂多只能算是一種猜測。要想完全說服別人，尚具有一定難度。李零所推測的篇次固然具有一定的合理成分，但並非無懈可擊。其實李零在作推測性的排列時，無形中也受到了傳本等其他因素的影響，比如他根據「先計後戰」，將《計》排第一，《作戰》排第二。這種帶著先入為主之見的推測，可能會在一定程度上影響到他的推理過程。相比之下，銀雀山漢墓竹簡整理小組放棄做任何的排列，出版相關釋文時，只是簡單按照傳本篇次排列的做法，倒是非常實事求是。因為木牘上那些漫漶之處究竟寫沒寫東西，寫了些甚麼，我們都無法知曉，根據木牘推測簡本篇次，很可能是徒勞無功。

在這種情況下，貿然對簡本、傳本篇次進行優劣比較，似乎也不足取。李零在推測簡本篇次過程中，也承認了相關排列存在著多種可能性，而他只是提交了在他看來可能性更大的一種排列方式。讓人感到遺憾的是，王正向似乎有點惟簡本是從，竟然用李零推測排列的簡本篇次與傳本進行比較，進而得出了「傳本篇次顛倒」，「嚴重破壞相關篇目之間的內在邏輯關係」的結論。[13] 這其實是沙上築室，是一個經不起仔細推敲的結論。王正向進一步認為，簡本以《火攻》結尾，體現了作者「重戰」、「慎戰」之旨，故此以「重戰」始，以「慎戰」終。[14] 這種分析貌似有理，但其實也是很難成立的。因為從出土篇題木牘來看，《七勢》更像是簡本的最後一篇 [15]，只是我們目前尚且無法知道這《七勢》可以和傳本的哪一篇求得對應罷了，至少並不能確定《火攻》就是簡本的最後一篇。

有意思的是，為王正向提供簡本篇次的學者李零，在對簡本、傳本篇次進行比較之後，提出觀點認為 :「今本篇次更有條理。」[16] 這個結論應該是建立在李零本人嚴密考察的基礎之上，也能與眾多前賢的研究結論取得一致，相對王說應該更為可信。日本學者服部千春也持類似觀點，認為傳本篇次「無論在軍事上，在邏輯上，較之木牘更勝一籌」。[17]

前面說過，因為簡本篇次尚難以確定，貿然對簡本、傳本篇次進行優劣比較顯得不足取。所以，我們想重點對簡本、傳本篇次發生差異的原因進行一些探討。就相關論題，李零曾為我們提供了一個説法。在他看來，傳本篇次之所以更有條理，是因為「經漢代劉向、劉歆父子和曹操兩次整

13 王正向 :《〈孫子十三篇〉竹簡本校理》（北京：軍事科學出版社，2009 年），頁 5。

14 同上注，頁 5。

15 吳九龍 :《簡本與傳本〈孫子兵法〉比較研究》，載《孫子新探》（北京：解放軍出版社，1990 年）。

16 李零 :《〈孫子〉篇題木牘初論》。

17 服部千春 :《孫子兵法校解》（北京：軍事科學出版社，1987 年），頁 21。

理的結果」。[18] 筆者以為，劉氏父子和曹操對《孫子》做過甚麼樣的整理，有沒有做過整理，在今天看來，都是非常難以知曉的事情，所以李零此論可能未必真正揭示出簡本、傳本篇次發生差異的原因。

由於銀雀山出土文獻在很大程度上都能與《史記》求得互證，我們對司馬遷相關孫子其人其書的記載多了一重信任。《孫子》十三篇出自孫武本人的說法重新得到更多認可。如果說《孫子》十三篇果真為孫武自著，相關十三篇的篇次安排更大可能也是出自孫武本人之手。那麼，不能確定篇次的簡本和篇次顯得較為合理的傳本，哪一個是出自孫武本人之手呢？在筆者看來，這其實非常難以確定。傳本篇次的精妙安排可能是由於有了作者之外的人參與，可能也出自作者本人之手，或者是孫子學派之手，而不一定要等到劉氏父子或曹操。在筆者看來，《孫子》在兩漢應該一直是以十三篇的規模在流傳，西漢末年並沒有「增肥」，東漢末年也不當勞曹操大駕對其進行「瘦身」。《吳孫子兵法》八十二篇不一定是《孫子》十三篇的前身，也沒有曹操刪減篇目之事發生。所以，簡本和傳本篇次發生差異的原因，很可能和曹操等人無關。至於簡本篇次和傳本篇次何時發生差異，也應當是一個暫時難以解開的謎團。它可能是由古書流傳的特點所致，是在不斷輾轉傳抄中發生的，但其具體時間，我們已經無從知曉。

《孫子》的流傳過程一定非常複雜。簡本和傳本篇次之間的差異，更加說明了《孫子》流傳過程中的這種複雜性。簡本和傳本之間到底是甚麼關係，簡本是不是果真就是傳本的前身，這些其實也是很難斷定的。打一個比方來說，一棵滄桑的古樹，也有可能比埋在地下多年的朽木更加年長。所以，當我們看到簡本和傳本之間有差異，就立即判斷傳本經過了很多篡改，可能略顯草率。至於《孫子》各本之間篇次發生差異的原因，

18 李零：《〈孫子〉篇題木牘初論》。

也一定非常複雜。我們不如把空白還給空白，而不是輕率地下結論認為，簡本的篇次就是如何合理，如何首尾呼應，傳本的篇次就是亂七八糟。傳本的篇次安排未嘗不是出自作者本人，簡本也未嘗不是經過了某種篡改。就兵書來說，漢代初年就開始收集整理兵書，武帝、成帝之時又進行過兩次。這三次整理行動，對《孫子》做過多大的手術、有沒有做過手術，我們目前並不知道。諸如韓信、張良等人是不是對《孫子》成為今本的模樣產生過作用，也都很難考證。軍事理論學者吳九龍認為，「傳本《孫子兵法》的篇題，各篇的排列次序當是劉向、任宏排定的」。[19] 作者在這裏用的是一個「當」字，表明了這其實也是一個推測。但這種推測之論，首先是把《孫子》作者參與編訂篇名、篇次的可能性，完全排除了，可能也需存疑。與此相類似的還有「曹操編訂篇題篇次」的說法。如果我們認定曹操確是刪減過《孫子》篇目，那麼曹操必然需要對《孫子》篇次重新做一次整理。可問題在於，曹操究竟有沒有刪減過《孫子》篇目，本已存疑。相關出土文獻證明，《孫子》在漢代一直是以十三篇的面目在流傳，不需要曹操做刪減篇目這樣的勞動，諸如「曹操編訂《孫子》篇次」的說法，同樣很難得到確認。

總之，從考察《孫子》篇次出發，我們可以更加確信情報對搭建孫子兵學思想體系的重要支撐作用，也可以更加直觀地認識作者「由知到戰」的邏輯順序。竹簡本在篇次上與傳本存有差異，但邏輯體系上，與傳本相比並不佔有優勢，何況竹簡本，包括相關篇題木牘的很多信息，尚且難以獲得準確的定位。在這種情況下，我們不妨以傳本篇次來考察孫子的兵學思想體系構建。

19 吳九龍：《簡本與傳本〈孫子兵法〉比較研究》，載《孫子新探》（北京：解放軍出版社，1990 年）。

第十一章

以利為本

《孫子》情報思想的利益原則

利益原則是孫子兵學一條非常重要的原則，有專家指出：「『利』的思想，貫穿於整部《孫子兵法》。」[1]我們認為，《軍爭篇》中所說「兵以詐立，以利動」，是解讀《孫子》十三篇的關鍵句。前人如鄭友賢，就曾注意到這句話。他在對《孫子》與《司馬法》進行比較時，曾這樣說道：「《司馬法》以仁為本，孫武以詐立；《司馬法》以義治之，孫武以利動；《司馬法》以正，不獲意則權，孫武以分合為變。」[2]這段話無疑抓住了兩部古典兵書的核心要義。《孫子》的核心內容正是「以詐謀利」，並由此出發，研究和探討了一整套「分合為變」的戰法。孫子的情報思想中也貫穿著鮮明的利益原則。

1 黃樸民、高潤浩：《〈孫子兵法〉新讀》（長春：長春出版社，2008 年），頁 68。

2 《十家注孫子遺說並序》。

一

《孫子》的核心要義：爭利

《孫子》本為討論爭利之法的兵書，利本思想貫穿了十三篇的終始。「利」是《孫子》十三篇中的一個高頻詞。在武經七書本和十一家注本《孫子》中，「利」字出現 52 次。考察傳本，「利」在《孫子》各篇幾乎都有出現[3]，其中以《軍爭篇》最多，共計 11 次。軍爭為何，利也。《軍爭篇》字數不多，卻如此頻繁出現「利」字，很能説明孫子的利本思想深入骨髓。「利」不僅是貫徹十三篇的一根若斷若連的紅綫，也可視為支撐孫子兵學思想的重要概念。也可以説，利益原則是孫子一條非常重要的用兵原則。

孫子所言之「利」，可謂包羅萬「利」，內涵非常豐富，至少可以分為三個層次：即戰略上的「勝」、政略上的「全」和思想境界的「善」。[4] 為了實現戰略層次的「勝」，孫子主張「勝兵先勝而後求戰」，高度重視戰前的運籌和謀劃，對「五事七計」等影響戰爭勝負的關鍵因素進行仔細分析，並多方運用「形人之術」努力達成有利於己的作戰態勢。政略上的「全」則是強調以最小的代價換取最大的利益，因此，這個「全」，其實

3　十三篇中，僅《形篇》未提及。

4　更詳細的討論，可參看注 1，頁 69。

質就是「全利」。在「全勝」的基礎上，孫子進而提出了「善」的要求。「善戰」思想，體現出孫子反對窮兵黷武、力求以「不戰而屈人之兵」來達成「安國全軍之道」的境界追求。

《謀攻篇》力主「全國為上，破國次之」，所爭是「全國」之利。《作戰篇》所強調「因糧於敵」，這可能是牽涉到戰役行動的「中利」，是孫子相關後勤補給的基本方略。至於一時一地之「小利」，則更多是作為一種謀略手段而運用，施於戰術層面，其目的是為了贏得「大利」。比如說《軍爭篇》云「故迂其途而誘之以利」，就是捨棄一時之「小利」，博取「大利」。也就是說，以犧牲局部之利益，換取更大的利益。

《計篇》中的「計利以聽」，是十三篇中出現的第一個「利」字。從中可以看出，對國家有利與否，是孫武考慮軍事問題的最重要的一個出發點，也即「非利不動」。[5]《謀攻篇》中說「兵不頓而利可全」，保住「全利」，追求利益的最大化，才是孫武謀劃戰爭和進行戰略決策的最終目的。所以，十三篇中以《軍爭篇》「利」字出現最為頻繁，便不奇怪了。在孫子看來，發動戰爭與否，主要是看己方得利與否，或者是否符合己方的利益，也即「合於利而動，不合於利而止」。其中，「合於利而動，不合於利而止」這句話，《九地篇》和《火攻篇》中曾重複出現兩次，這顯然是出於一種強調和重視。孫子重利和爭利思想，由此可見一斑。

孫子極端重利，以利為本，是否發動戰爭、戰爭多大規模，都是以「是否得利」作為一個基本的出發點。既然如此，十三篇的兵法未嘗不可說是一部「爭利之法」或「逐利之法」。

《孫子》既然是一部爭利之法，那麼這爭利之法的核心內容又是甚麼呢？愚見認為，就是其千變萬化的詭詐之術。說好聽點，叫謀略之術。這

5 《孫子．火攻篇》。

些謀略之術或詭詐之術，是十三篇中最為出彩的內容，也是最為重要的內容，同時也是留給後代軍事家們最多啟迪的內容。「示形」、「造勢」、「虛實之術」、「用兵變法」，等等，幾乎都是圍繞這個主題展開。包括《九地篇》「犯之以害，勿告以利」的「為客之道」，《用間篇》「五間俱起」的用間之術等，同樣可視為孫子所精心探討的詭詐之術的重要內容。可以說，為實現爭利的目的，孫子圍繞著詭詐之術，研究建立起一整套「分合為變」、「因敵制勝」[6] 的戰法。這些爭勝之法，具體內容很多，是孫子十三篇的主體內容，是孫子的謀略之術和詭詐之術。這些是孫子逐利和獲利的最重要手段，同時也是孫子爭利之法中最為核心的內容。可以說，孫子的核心價值觀就是「利」，而《孫子》十三篇的核心內容，就是「以詐謀利」。

6 《孫子 · 虛實篇》。

二

情報工作的基本原則：計利

孫子明確指出，發起戰爭的目的，就是為了「掠鄉分眾，廓地分利」[7]，掠取他國的人力物力，擴張自己的版圖，奪取最大的戰爭利益，以期能夠在爭霸兼併戰爭中佔據優勢。在發起戰爭之前，孫子要求將帥一定要「計利」[8]，這既是決定能否發起戰爭的標準，同時也可視為情報工作的基本原則。

孫子以「知論」為核心的情報理論，鮮明地強調了利益原則，要求將領必須知曉「用兵之利」:「故不盡知用兵之害者，則不能盡知用兵之利也。」[9] 在《計篇》，孫子要求將帥必須要「因利而制權」; 在《九變篇》，孫子強調將帥必須要知曉「九變之利」; 在《軍爭篇》，孫子更是強調將帥必須在戰爭發起之前，就力爭佔得「地利」。事實上，從《地形篇》到《九地篇》，大量篇幅集中討論「知地」，無非是為了強調奪取地形之利。從中可以看出，「合於利而動，不合於利而止」這句話，其實也可視為孫子情報工作的總原則。

在《計篇》，孫子既提出了「計利」原則，又論證了以「五事七計」

---

7 《孫子 · 軍爭篇》。

8 《孫子 · 計篇》。

9 《孫子 · 作戰篇》。

為中心的「廟算」理論。在「廟算」模式下，孫子依照「五事七計」逐一進行梳理，將那些對戰爭勝負有著直接影響的諸多因素進行仔細比較，考察究竟對誰更加有利，以及誰得到的有利因素更多。戰爭決策人員需要對這些有利因素進行綜合衡量和認真比較，以此決定是否發起戰爭。可見，利益原則，是戰爭發起與否的基本出發點，也是情報分析必須要考察的基本因素。

孫子指出，情報工作的終極目的是「知勝」。但是，「勝」其實是獲「利」的一個途徑。從詞源學的角度來看，「勝利」一詞，「深刻揭示了『勝』與『利』之間的因果關係」。[10] 只有取勝，才能得利；之所以孜孜求勝，也正是為了獲利。所以，一般說來，沒有無「利」之「勝」，也沒有不「勝」之「利」。[11] 故此，孫子所強調的「知勝」，其實也正是教會情報人員必須要「知利」，將領也要知道分析利弊，然後才決定是否發起戰爭。

在《謀攻篇》中，孫子總結了五條「知勝之道」：

> 故知勝有五：知可以戰與不可以戰者勝，識眾寡之用者勝，上下同慾者勝，以虞待不虞者勝，將能而君不禦者勝。此五者，知勝之道也。

這五條「知勝之道」其實也可視為《計篇》「五事七計」的主要內容，有的內容則是對「五事七計」的提煉和深化。比如說，「識眾寡之用者勝」就是直接對應「兵眾孰強」；「上下同欲者勝」則是對應「主孰有道」；「知可以戰與不可以戰者勝」則是「廟算」所得出的結論；「以虞待不虞者勝」

10 同注 4。

11 同上注。

則是在《作戰篇》和《謀攻篇》的論證之後得出的結論，至於「將能而君不禦者勝」，則是前面論述將、君關係之後所形成的結論。在作者眼中，上述五條最為關鍵，故此再次予以特別強調。這五條「知勝之道」，其實也正是孫子對情報人員所提出的總要求。

按照「計利」原則，孫子認為，情報工作是以小利換大利，甚至是以小利博全利，故此予以高度重視。正因如此，在十三篇中，情報工作的地位和作用尤其突出，「知」與「戰」緊密相連，構成了孫子兵學思想的基礎。

下面一段話是孫子就用間的地位和作用提出的，但其中尤其可以看出孫子對於「大利」和「小利」的區分：

> 凡興師十萬，出征千里，百姓之費，公家之奉，日費千金。內外騷動，怠於道路，不得操事者，七十萬家。相守數年，以爭一日之勝，而愛爵祿百金，不知敵之情者，不仁之至也。非人之將也，非主之佐也，非勝之主也。

孫子認為，戰爭行為耗費巨大，但並非無法控制。在孫子看來，有一種辦法能儘量減少損失，這就是用間。如果將帥和國君捨不得在這方面花錢，那就是最大的「不仁」，不配作為主帥和國君，也即「非人之將也，非主之佐也，非勝之主也」。[12] 這段話是在討論用間的重要性，把不肯用間歸於「不仁」，如果由於吝嗇而對敵情認識不夠，進而導致戰爭失利，那就是「不仁之至」。這其實是在批評其不知大小，不知道以「小利」換

12 這段話簡本也有不少文字漫漶不可識讀。整理小組指出：「簡本『內口』與下句『用戰』之間空位將近二十字，文字較今本為繁。據可識讀文字我們可以看出，其內容該與傳本大致相同，主要是討論作戰之前的物資籌備等事項。」銀雀山漢墓竹簡整理小組：《銀雀山漢墓竹簡》(一)(北京：文物出版社，1985 年)，頁 98。

取「大利」。用間，在作者看來，其實就是為了儘量降低戰爭成本，確保以最小代價換取最大勝利，而且是一條行之有效的方法。

基於「計利」的原則，孫子認為，要想確保戰爭勝利，不僅要捨得花錢搞好間諜戰，而且要捨得通過「厚賞」來鼓勵間諜們深入敵方，努力做好情報蒐集工作。尤其是要捨得在「反間」身上大筆花錢，不能表現得太過小家子氣。所以，孫子先後強調：「賞，莫厚於間。」又說：「反間不可不厚也」。其中所透露的，正是以「小利」換取「大利」的思想。而這可與孫子兵學思想的利益原則取得完全一致。

三

情報術的基本方法：誘之以利

就情報謀略而言，孫子提出了一套非常精彩的形人術。這些形人之術，既是孫子千變萬化的戰略戰術的一部分，同時也是孫子設計戰略戰術的基礎。而孫子設計這些形人術的一個基本方法，就是「誘之以利」。這同樣是利益原則的直接體現。

十三篇中，很多地方都談到這種形人術，其中較為集中的要數《勢篇》和《虛實篇》等。在《形篇》中，作者主要討論「治形之術」，《勢篇》的主要內容則在此基礎上更進一步，討論的是利用這些「形」來「造勢」。所謂「造勢」，我們不妨將其視為「示形」的一種。「示形」和「形人術」是非常複雜的戰爭謀略術，以示偽為主的情報術，是其中的關鍵。通過各種手段偵察到敵人的虛實，甚至以此調動敵人，奪取戰爭主動權，或者麻痹敵人，找準時機展開偷襲等，都是這種情報術和形人術的體現。

在《勢篇》中，孫子對這些「示形」之術的一些基本方法和原則進行了簡明扼要的論述：

> 故善動敵者，形之，敵必從之；予之，敵必取之。以利動之，以卒待之。

這些話既是在探討「示形」之術，也告訴了我們如何在戰場上「造勢」

和「蓄勢」。由此可知，「力量」是孫子示形之術的基礎，「利益」則是孫子施展示形之術的一個利器。前者可簡稱為「以卒待之」，後者則可概括為「以利動之」。總之，「以利動之」始終是孫子使用「形人術」的一個重要手段。

「動敵之法」也是孫子「示形之術」的一種。在作者看來，那些高明的「動敵之法」，一定要能給敵人非常切實的誘惑，這才能把敵人調動起來。比如說，對於飢餓的人，一定要使用麵包和米飯這種最為直接的誘惑。如果想在戰場上調動敵人，則一定要有能夠充分調動敵人的利益，驅使他們做出錯誤的判斷和決策。俗話說，「捨不得孩子打不到狼」，說的正是這個道理。如果有了足夠的利益誘惑，那就必然能實現「形之，敵必從之；予之，敵必取之」的效果，充分地調動敵人，再尋找合適的時機擊敗敵人。

《勢篇》「以利動之」一句，簡本作「以此動之」，兩者相較，似以傳本為長。簡本中的「此」字所指為何，似乎並不明確。王正向認為，「此」該指前面「予之」、「形之」二事[13]，這種說法不無道理。當然，如果考慮到後面一句有「卒」這樣的實詞，「此」字似乎不能與之相對成文，在文氣上稍欠。傳本作「以利動之」，「利」可與「本」或「卒」對舉，意思顯得更為完整一些，而且也與《孫子》十三篇鮮明的功利思想取得一致，與孫子情報思想的利益原則完全一致，故此，兩相比較，顯然以傳本為優。

從總體上看，《勢篇》所討論的這些「示形」和「動敵」之術，其實就是為了「造勢」的需要，運用「以利誘之」的方法，充分地調動敵人，以尋求最佳作戰時機。當然，《勢篇》討論的尚且是一些基本的方法和原

13 王正向：《〈孫子十三篇〉竹簡本校理》（北京：軍事科學出版社，2009 年），頁 54。

則。至於千變萬化的「示形」之術，孫子在接下來的《虛實篇》有更為全面的闡述。在《虛實篇》中，孫子大量討論「形人之術」，力圖以此實現「我專而敵分」，達成「以眾擊寡」的效果。包括「動敵之法」在內，種種「示形之法」和戰術欺騙手段，其貫徹和施行都離不開「以利誘之」。甚至於在《用間篇》中，作者在討論收買拉攏反間的策略時，也不忘以重利作為誘餌，大量使用金錢，特地強調：「賞不可不厚」。

《九變篇》集中討論用兵的變術，孫子再次強調了其利益原則。孫子認為，戰爭行為本屬利害交加，如果想在與諸侯爭戰過程中獲勝，那就必須充分掌握動敵之法：「屈諸侯者以害，役諸侯者以業，趨諸侯者以利。」孫子指出，要想取得主動地位，就必須用巨大危害作為恐嚇手段迫使對方屈服，或將對手陷入勞民傷財、消耗巨大的事業之中，使其無法騰出力氣對付自己，或是「誘之以利」，用一定的利益作為誘餌，驅使對方改變戰略方向。在上述這幾種方法中，「誘之以利」是最後一種，應該是帶有強調和突出的意味。不管如何，利益原則始終是孫子情報術中非常重要的一條原則。

戰國時期，蘇秦在齊國的間諜行動很能說明這種「以利誘之」的動敵之法。當時，為了消耗齊國的實力，蘇秦鼓動齊王攻打宋國。這一軍事行動取得了空前的成功，給齊國帶來了巨大利益，但同時也招致諸侯的共同抵制。齊國在兼併宋國之後，很快便被樂毅率領的聯軍打得落花流水，幾乎舉國覆滅。這很好地詮釋了孫子「以利動之」的情報術，也充分說明了掌握和運用好利益原則可以誘使敵人上當，進而實現己方的戰略意圖。

四

弊端和不足

孫子情報思想重視利益原則，與其用兵思想是完全一致的。兵家之學是一種需要付諸實際、具有很強操作層面意義的學問，是一種務實之學，需要講究實際效應，追求最大效益。作為兵家，最要不得的就是空談玄理、空談仁義。對敵人大談仁義，是誤國誤民之舉。從這個層面來看，孫子的「利本」思想既順應了歷史潮流，更抓住了戰爭的本質。是非常務實之舉。當然，一味重利，不及其餘，則難免會帶來一定的弊端和不足。

就用兵而言，孫子雖則更多著眼於「利」，但尚且不忘「雜於利害」，但在討論情報術和用間術時，他似乎已經完全忘記了這個原則。這時的孫子，一切著眼於利，一切從實際利益出發考慮問題，不免有種過猶不及之感。比如說，孫子基於人性普遍好利的一面，處處強調「以利動之」，甚至強調對於間諜就應該使用厚賞，以此激勵他們盡心盡力，包括不惜重金策反對方的間諜等，殊不知人性不是普遍好利的，尤其是從事特殊行業、立志獻身事業的人士，金錢和利益往往驅使不了他們。這個時候，如果繼續固守「以利動之」的原則，那就很可能會耽誤大事，甚至暴露自己的身份、己方的整體作戰意圖等。

孫子所討論的用間術，後人批評其只知用間之利，而不知用間之害。這其實是切中肯綮的評價。從《用間篇》中可以看出孫子對自己所設計的間術非常滿意，甚少提及用間之害。這點在唐朝之後，頗受批評。相關討論在明清還得到延續，明代《投筆膚談》等書，都對孫子所設計的用間術可能帶來的危害進行了深入討論。這些認識無疑較孫子更為全面。

第十二章

名垂罔極

《孫子》情報思想的深遠影響

明代茅元儀曾在《武備志．兵訣評》中，對《孫子》做過如下評價：

> 先秦言兵者六家，前《孫子》者，《孫子》不遺，後《孫子》者，不能遺《孫子》。謂五家為《孫子》注疏可也。

在這段話中，茅元儀將包括《司馬法》、《六韜》在內的其他五種先秦兵書，都當成《孫子》的注疏文字，早於《孫子》的，《孫子》充分進行了吸收，晚於《孫子》的，則只能依照《孫子》展開，再也無法跳出其藩籬。茅元儀的這些評語是就先秦兵六家說的，有一個前提條件，有意思的是，不少人乾脆掐頭去尾，只留中間一段話，從而將《孫子》在中國古代兵學史上的地位，一舉推到了無以復加的地位。筆者認為，僅就思想發展層面來說，茅元儀這幾句話不失為非常精闢的允當之語。因為我們談起古典兵學，說來說去最終都免不了會說到《孫子》。考察古代情報思想史，我們也可以看出孫子的巨大影響力，同樣也存在「前《孫子》者，《孫子》不遺，後《孫子》者，不能遺《孫子》」的現象。從總體上打量，對《孫子》情報思想，歷史上的軍事家大多是忠實繼承，只是間或出現一些批評意見。這些批評也多集中在用間得失以及是否符合儒家仁義道德觀念上。下面選取其中最為代表性的人物和著作進行考察。

一

漢代：曹操的簡略注解

東漢末年的著名軍事家、政治家曹操對於《孫子》有著非常精深的研究，因為不滿前人對於《孫子》所作繁複注釋，所以決定改用簡略的方式注釋，由此為我們留下一個著名的《孫子》注本。他的這個注本流傳至今，一題《魏武帝注孫子》，一題《孫子略解》[1]，具有重要的文獻學價值和思想價值，一直受到世人高度重視。從《孫子略解》中我們可以看到，曹操對於孫子的情報思想有著獨到的領悟，也有一定的發展。

比如對於情報工作地位和作用的認識，曹操對孫子有所繼承。孫子在《計篇》中強調了「知情」的重要性，要求將帥「校之以計而索其情」，曹操非常贊同這一點，進一步提出所謂「索情」的任務要求，那就是：「索其情者，勝負之情。」[2] 在注解《計篇》時，曹操不止一次將「知情」與「勝負」直接聯繫起來，他說：「以七事計之知勝負也。」在這裏，他非常認同孫子的主張，將「廟算」與戰爭勝負直接相關聯，反映出他對於情報工作的重視程度。在《用間篇》題解中，曹操說：「戰必先用間，以知敵情。」我們從中也可以看出曹操重點強調了情報工作的地位和作用。這一

1 參見于汝波主編：《孫子文獻學提要》（北京：軍事科學出版社，1994 年），頁 10。

2 《魏武帝注孫子．計篇》。

點與孫子重視情報的思想是完全一致的。

關於情報工作的原則和方法，曹操也有自己的見解。曹操首先是強調了「當見未萌」。這是他在注釋《形篇》「見勝不過眾人之所知，非善之善者也」一句所留下的注語。曹操認為，作為情報工作者，一定要善於觀察敵人的深層動機，而不是一些表面現象，必須要做到識見超越常人。只有達到這個要求的情報人員，才能算是合格的情報人員。需要看到，所謂「當見未萌」，其實就是孫子所強調的「先知」，同時也是《周易》所提出的「知幾」。曹操對於情報工作的這一基本原則有著深刻的認識。

就孫子的「稱勝」理論，曹操借題發揮，強調指出，這是「知」的重點內容。一方面，由「度生量，量生數」，可以「知其遠近、廣狹，知其人數」[3]；另外一方面，由「稱生勝」，可以直接「知其勝負所在」。[4] 曹操據此將「稱勝」理論與「知情」直接聯繫起來，從而將「稱勝」的重要性提到了非常重要的高度。這一點固是源於孫子，卻也是對其有了一定程度的發展。

就《行軍篇》的「相敵三十二法」，曹操也多能提出自己的獨到之見。比如就「辭卑而益備者，進也」一句，曹操的注語為：「其使來，辭卑，使間視之。」這裏的「間」，既可視為針對敵之使者，也可視為是針對敵軍。這是對孫子「相敵之法」的補充。

曹操在注釋《孫子》的時候，也會根據自己多年領兵作戰的經驗，對孫子情報思想進行發展。比如，在注釋「五間俱起」一句時，曹操留下這樣一段話：「因時任用五間也。」這裏的「因時」，其意思是抓住合適的時機或根據不同的時機。很顯然，這樣的注釋就是對孫子情報思想的發展

3 《魏武帝注孫子．形篇》。

4 同上注。

和補充。孫子固然強調的是「先知」，但與「因時」的概念還是有著一定區別。「因時」是孫子情報思想中所沒有的，至少是「五間俱起」的情報思想中所未論及，應屬曹操的獨見。

至於孫子的反情報思想，曹操也非常重視。比如，在注釋《謀攻篇》時，曹操強調了「將周，密謀不泄」，把將帥與情報保密工作直接聯繫起來，看到了將帥在情報保密工作中的獨特作用。在注釋《虛實篇》時，曹操再次強調了「情不泄」。曹操認為，如果做好了情報保密工作，就可以施展各種手段調動敵人：「形藏敵疑，則分離其眾以備我也。」[5] 反之，如果沒有做好保密工作，造成泄情事故發生，那麼戰爭的結果就會由此發生根本性改變，這就是「形露必敗」。[6]

5 《魏武帝注孫子 · 虛實篇》。

6 同上注。

二

唐代：李姓軍事家們的精彩演繹

到了唐代，幾位李姓軍事家——李世民、李靖、李筌，對孫子情報思想研究尤為深刻，下面逐一進行介紹。

《唐太宗李衛公問對》（下簡稱《問對》）曾被北宋政府欽定為《武經七書》之一，立於官學。全書採用唐太宗李世民和李靖君臣對話的形式論兵。雖然該書的著作者至今仍充滿爭議[7]，但學術價值獲得一致公認。該書具有豐富的情報思想，是我國古典情報思想經過漫長的休眠期之後出現的一部具有代表意義的作品。

就情報觀而言，《問對》對孫子有著較為忠實的繼承。

「知彼知己，知天知地」是對孫子情報理論的集中概括。[8] 孫子的情報觀是涵蓋彼與己、天與地的大情報觀。唐太宗和李靖二人，則通過討論的方式，完成了對孫子「知彼知己」情報思想的繼承和發展。

《問對》指出，「知彼知己」的關鍵是詳審「敵之心、敵之氣」與「己之心、己之氣」。這裏的「心」，實則指敵我雙方的戰略意圖、作戰決心

---

7 關於《唐太宗李衛公問對》的作者大體有三種看法：一種認為是唐朝的李靖，一種認為是宋代的阮逸，還有一種認為既不是李靖也不是阮逸，而是另有其人。這裏採用第一種說法。

8 《孫子．地形篇》：「知彼知己，勝乃不殆；知天知地，勝乃可全。」

等，而「氣」則是指敵我雙方的鬥志、力量對比等。作者認為，即使是「知彼」，也必須要將「敵之心」與「己之心」對應起來詳加審視；即使是「知己」，也必須將「敵之氣」與「己之氣」認真加以比照。不難看出，作者不是分別孤立地看待敵情或我情，而是把「知彼」與「知己」、「料敵」與「察己」視為緊密聯繫的整體。如果僅僅打量一方，便無法得出關於雙方實力對比的準確結論，更不可能在戰前做出關於戰爭勝負的預見。只有將敵我雙方聯繫起來考察，在對雙方的戰略意圖和軍事實力對比等有了清醒的認識之後，才能獲得進行戰略決策的重要依據，才能決定戰或不戰，才能找到正確的決戰方向。

《問對》認為情報工作既要知彼也要知己，但在二者之間，更看重「知己」。作者認為，如果做到了「知己」，雖未能「知彼」，也不會輕易失利。在其看來，知己可以使自己不敗，知彼則能勝敵，況且比較而言，敵方的情況畢竟是相對難以掌握的。所以作者才更強調知己，主張先把容易做到的事情做好，亦即「先為不可勝」，因為「不可勝在己」。可以看出，《問對》對於孫子「知彼知己」情報觀既有繼承，又有發展創新。

除了情報觀之外，《問對》對於孫子的「廟算」也有精彩演繹。

孫子的「廟算」理論，是古代相關戰略情報分析的經典論述。《問對》對孫子的「廟算」思想能結合戰例研究加以理解，有著較為忠實的繼承。在《問對》上卷中，作者以淝水之戰為例，集中論述了廟算的作用，或者說表達了作者對孫子廟算思想的進一步理解。

淝水之戰發生在公元383年，是中國歷史上以弱勝強的著名戰例。苻堅的失敗源於戰略決策的失算。一方面，苻堅沒有看到各部豪強均與他同牀異夢的實際情況，貌合神離的統一局面使他誤以為自己很強大；另一方面，又低估了東晉政權的韌勁和戰鬥力。這種建立在「不知己不知彼」之上而又企圖一舉成功的錯誤決策，再加上用人不當、戰術失誤，導致前秦軍隊在交戰之後便立即潰敗。

《問對》中君臣二人在論述這段歷史時，看法稍有不同。李靖說：「無術焉，苻堅之類是也。」唐太宗卻認為苻堅的失敗在於沒有做好「廟算」。他說：「孫子謂多算勝少算，有以知少算勝無算。凡事皆然。」[9] 僅就《問對》中所反映的情況來看，同樣的戰例，李靖看到的是苻堅的「無術」——缺乏作戰指揮能力，而唐太宗看到的卻是苻堅的「無算」——缺乏戰略分析和決策能力。相比之下，唐太宗不僅認識水平較李靖為高，而且在情報理論上也顯得更有來歷和更加深刻。戰爭中，交戰雙方在戰前一般都有一個或多或少、或精或粗的戰略分析過程。唐太宗針對孫子的「多算勝少算不勝」，進一步提出「少算勝無算」，並認為「凡事皆然」，不僅認識水平較李靖為高[10]，更切合戰爭史的實際情形，而且將孫子的廟算思想合乎邏輯地向前推進了一步。

《問對》對用間得失的探討，尤其發人深省。

《問對》下卷記載了一個李靖以唐儉為「死間」的著名案例。李靖置唐儉的個人安危於度外，突然發起進攻，雖然取得了戰爭勝利，但還是招致朝臣非議，太宗質疑，後世兵家也稱李靖此舉是以唐儉為「死間」。[11]

面對太宗的疑問，李靖認為，「去大惡不顧小義」，為了戰爭的勝利，便顧不得唐儉個人的安危。接著，他又表達了自己獨特的用間思想：

> 孫子用間最為下策。臣嘗著論其末云：「水能載舟亦能覆舟。或用間以成功，或憑間以傾敗。」[12]

---

9 《問對》卷上。

10 這似乎是作者的有意安排，好為唐太宗臉上貼金。這種阿諛手法在《問對》中多處可見。

11 如《草廬經略．間諜》：「漢之酈食奇，唐之唐儉，人皆以為死間。」

12 詳見《問對》卷中。

李靖能夠從孫子的用間理論中跳出來。孫子視用間為「神紀」，乃「人君之寶」，主張「三軍之所恃而動」。[13]《問對》則開始對孫子提出了反對意見，指出了用間的片面性。這種觀點，受到宋代蘇洵等人的追捧。

此外，孫子在《用間篇》強調，用間是關乎「先知」的重要工作，「不可取於鬼神」。對此，《問對》作者似乎也別有見地。在《問對》中，作者主張不廢陰陽術數，而是要加以合理的利用：「託之以陰陽術數，則使貪使愚。」[14] 既看到了鬼神和陰陽術數的荒謬不足信，又看到其中存有欺騙敵人的機會，有值得利用之處，這種識見充滿唯物主義精神，也是因事制敵的策略之一。

李筌，生平事跡不詳，主要活動在唐代開元、天寶年間。他曾注釋《孫子》，並積十年心血撰成十卷本《太白陰經》。其中《將有智謀》、《術有陰謀》、《數有探心》、《廟算》、《沉謀》、《行人》、《鑒才》諸篇，詳細論述了情報工作，對孫子的情報思想做了全面的引申發揮，在古典情報史上具有重要地位。

比如說，李筌在注釋《孫子》時提出了「遵廟算之勝」這個概念，這尤其顯出他對孫子情報思想的重視。[15]

李筌認為，作為將帥，就應該從「受命於君」的那一刻起，時刻關注敵情，研究敵情，很好地運用「廟算」之法，研判敵情，打有準備之仗。

李筌對孫子「廟算」理論有著精深的研究。在《太白陰經》中，他曾大量引述《孫子 · 計篇》的相關「廟算」的文字，並設《廟勝篇》專門對其進行論述，由此可以充分想見李筌對孫子廟算理論的重視程度。

李筌在注釋《孫子》相關廟算的文字時，曾為我們留下了以下一段

---

13 見《孫子 · 用間篇》。

14 《問對》卷下。

15 李筌：《孫子 · 軍爭篇注》。

文字：

夫戰者，決勝廟堂，然後與人爭利，凡伐叛懷遠，推亡固存，兼弱攻昧，皆物情之所出，中外離心，如商周之師者，是為未戰而廟算勝，《太一遁甲》置算之法，因六十算已上為多算，六十算已下為少算；客多算臨少算，主人敗，客少算臨多算，主人勝。此皆勝敗易見矣。

從李筌的注釋中，我們可以看出，他對孫子的「廟算」理論非常推許，將這種研判敵情之法當作是一種預見勝負之法。但是，有一點需要注意，孫子所謂「算」，當然是計算、籌算之義。這種「算」，是建立在知敵之情、大量掌握敵情的基礎之上。到了熱衷於「兵陰陽」的李筌這裏，「算」的含義稍稍有點變化。在上引注語中，李筌使用了《太一遁甲》的「置算之法」，將六十算以上作為多算，將六十算以下作為少算，顯示出作者受遁甲之法所拘的一面。既然如此，李筌的情報思想難免會留下「假鬼神以為助」的特點。

此外，與《孫子》相比較，李筌將「間諜」更換為「行人」，用《行人篇》取代《用間篇》，但我們還是可以很明顯地從李筌的行文中看出他對於孫子繼承和因循的一面。比如下面一段話，就在行文和思想上與《孫子．用間篇》有著很多的相似性：

夫三軍之重者，莫重於行人；三軍之密者，莫密於行人。行人之謀，未發有漏者與告者皆死，謀發之日，削其槁、焚其草、金其口、木其舌，無使內謀之泄。若鷹隼之入重林，無其蹤；若游魚之赴深潭，無其跡。離婁俛首，不見其形；師曠傾耳，不聆其聲。微乎！微乎！與纖塵俱飛，豈飽食醉酒爭力輕合之將，而得見行人之事哉！

如果將這段文字拿來和《孫子·用間篇》進行對照，二者文辭上的相似性是顯而易見的，甚至連「微乎！微乎！」這樣的感歎詞都驚人相似。僅此我們就不難判斷出李筌情報思想的由來和淵源。

李筌的情報思想有很多是對孫子的忠實繼承，這應該和他長期研究《孫子》有著密切的聯繫。除了繼承之外，李筌情報思想也有超越前人和超越孫子的內容，比如他的「探心之術」。而且，這些內容可以和戰國時期縱橫家的情報理論實現對接。[16]

16 尤其是《鬼谷子》的「揣」、「摩」之術。

三

宋代：風格多樣的注家

宋代是繼唐代之後又一個注釋《孫子》的高峰期。情報思想是孫子兵學思想的重要內容，歷代《孫子》注家都不免要對相關內容有所涉及。我們從相關注語中可以看出宋代注家對《孫子》情報思想的繼承和發展情況。

王晰很好地繼承了孫子的「大情報觀」。這首先表現在，王晰在注釋《孫子》時，很好地領會了孫子「知彼知己」的情報思想，強調「知彼」和「知己」應當是同等重要，不可偏廢一方。比如，在《地形篇》，王晰注曰：「知己不知彼，知彼不知己，皆未可以決勝也。」很顯然，王晰此論將「知情」與單純的「知敵情」很好地區別了開來，強調的是「知彼」與「知己」的同等重要。

在「知彼知己」之外，王晰同樣強調地理情報和天時情報的重要性。比如在《虛實篇》，王晰注語曰：「必先知地利敵情，然後以兵法之度量，計其遠近，知其空虛，審敵趣應之所及戰期也。」在《地形篇》和《九地篇》，王晰再次強調了對於地利的關注。

雖知彼己可以戰，然不可虧地利也。(《孫子・地形篇注》)

能知敵謀，能得地利，又能形之，使其不相救，不相恃，

則雖大國，豈能聚眾而拒我哉？（《孫子·九地篇注》）

從以上注語，我們可以看出，孫子所強調的「知彼知己」和「知天知地」的大情報觀，在王晳這裏得到了很好的繼承和詮釋。換句話說，王晳很好地領悟了孫子的情報思想，尤其是這種大情報觀。

梅堯臣是北宋時期一位著名的文學家，他注釋《孫子》的特點是語言簡練，要言不煩。就情報方面，梅堯臣的成績是對孫子的情報術有了不少發展。

比如在《虛實篇》，梅堯臣為我們留下了如下注語，這些注語無不反映出其對情報術的貢獻：

彼得失之計，我以算策而知。

彼動靜之理，因我所發而見。

彼生死之地，我因形見而識。

彼有餘不足之處，我以角量而審。

與《孫子》原文進行對比，梅堯臣的注語，雖在精神上與孫子保持一致，但仍然有不少拓展。比如說，就「算策」而言，孫子原本是用在「廟算」，即戰略情報，而梅堯臣認為，在戰術情報中也需用到「籌策之算」，這便是對情報術的貢獻。

在《用間篇》的注語中，我們也可以看出梅堯臣對於孫子情報術的發展。比如對「反間者，因其敵間而用之」一句，梅堯臣注曰：「或以偽事紿之，或以厚利啖之。」對「故反間可得而用也」一句，梅堯臣注曰：「必探索知敵之來間者，因而利誘之，引而捨止之，然後可為我反間也。」從這兩條注語，我們可以看出梅堯臣從孫子重視反間出發，重點分析了如何進一步合理地使用反間，這在無形之中豐富和發展了有關反間的運用方法。

對於孫子的「五間俱起」之術，梅堯臣則是強調了保密的重要性：「五間俱起以間敵，而莫知我用之之道，是曰神妙之綱紀，人君之所貴也。」[17] 由於存在「五間俱起」的間諜術，從己方反情報的角度來看，也需要對這種「五間俱起」做好防備。在這裏，梅堯臣對孫子的「五間俱起」做了一個簡單的換位思考，這對反情報而言，具有特別重要的價值。而這，也應該是對孫子情報術實現了拓展。

宋代學者鄭友賢所留下注解孫子的文字不是很多，故此謙稱《遺說》。鄭友賢注意到《孫子》篇次安排的精妙，而他的著眼點就在情報。

鄭友賢認為，從《計篇》開始，以《用間篇》結束，其實自有作者深意蘊含其中。《計篇》中說：「故經之以五事，校之以計，而索其情」，而《用間篇》所說正是「索其情」。所謂「計待情而後校，情因間而後知」，故此，以《計》為始、以《用間》為終的這種安排，在鄭友賢看來，是「從易而入難，先明而後幽，本末次序而導之，使不惑也」。[18]

鄭友賢這種對《孫子》篇次的解讀，所提及的雖然只是一始一終，著眼點卻是《孫子》的整體性，所關注的是十三篇的內在結構。在解讀孫子兵學思想體系時，他的出發點是「知情」，也即今天的情報學。很顯然，鄭友賢的這種討論很有深度，視角也非常獨特，對我們研究和解讀孫子兵學思想體系具有重要啟示意義，也對後世產生了久遠的影響。《孫子》十三篇集中討論的內容，其實可以分為兩大塊：一是情報，即如何知悉敵情、認識戰爭；二是詭道戰法，即如何設計戰法、打贏戰爭。鄭友賢抓住了情報這根主綫，有著獨到的眼光和超遠的卓識。

---

17 梅堯臣：《孫子 · 用間篇注》。

18 鄭友賢：《十家注孫子遺說並序》。參楊丙安校理：《十一家注孫子校理》（北京：中華書局，1999 年），頁 328。

鄭友賢的這種分析之法，也對日本的孫子研究專家產生了巨大影響。日本學者研究《孫子》，一向非常重視《用間》，認為《孫子》十三篇其實是以「知彼知己」的情報思想貫徹始終，以《用間》作為結尾，其實是為了重視和強調。此外，也啟發了蔣方震等人。顯然，鄭友賢的這種解讀篇次的視角和方式，非常具有啟示意義。

需要提及的還有蘇氏父子，即蘇洵和蘇轍。他們二人都是儒者，著名文學家和政治家，以文章冠絕天下，對軍事問題也都有過深入研究。蘇洵還留下了論兵著作《權書》，對《孫子》情報思想也有深刻論述。

蘇洵對孫子的用間之術並不完全認同，所以特別在《權書》中闢有《用間》專篇，就用間問題闡述了自己的態度。

蘇洵贊同孫子「上智為間」的觀點，認為伊摯和呂牙之所以能通過行間建立功業，是因為他們屬於上智之人：

> 伊、呂一歸而夏、商之國為決亡。使湯、武無用間之名與用間之勞，而得用間之實，此非上智，其誰能之？[19]

但是在蘇洵看來，孫子的五間之術終究屬於詭詐之術，所謂「五間之用，其歸於詐」[20]，而用兵打仗雖説是詭道，但如果本著正道，終究可以獲勝。所以，用間術在蘇洵眼中，是有成有敗，所謂「成則為利，敗則為禍」。既然是詭詐之術，當我們在對敵人實施時，敵人也可能會反其道而行之，對我方行使詭詐之術，故此，蘇洵認為「能以間勝者，抑或以間敗」。[21] 蘇洵總結用間行為可能存有「三敗」，需要加以警惕：

19 《權書 · 用間》。

20 同上注。

21 同上注。

吾間不忠，反為敵用，一敗也；不得敵之實，而得敵之所偽示者以為信，二敗也；受吾財而不能得敵之陰計，懼而以偽告我，三敗也。夫用心於正，一振而群綱舉，用心於詐，百補而千穴敗。[22]

蘇洵對於用間的態度，與他作為儒者的身份是緊密聯繫的。蘇洵對於詭詐之術並不是非常認可，甚至認為，只要守住仁義正道，就一定能夠取得戰爭勝利。在他眼中，用間這種詭詐之術是違背聖人之道的行為。子貢是儒家開山祖師孔子的著名弟子，也遭到了蘇洵的批評：「彼子貢者，遊說之士，苟以邀一時之功，而不以可繼為事。」[23]

客觀地說，受儒家仁義道德學說的影響，蘇洵對於孫子的用間之術的態度多少存有一些偏見。但他卻因此而能夠對用間採取一分為二的看法，既看到了上智為間的成功之處，也看到了用間可能導致的「三敗」，這無疑是一種客觀辯證的認識。他的這些認識，可能是受到了《唐太宗李衛公問對》的某種啟發，因為《唐太宗李衛公問對》也是主張對用間辯證對待。與此同時，蘇洵的這些觀點，包括《唐太宗李衛公問對》，也多少啟發了宋、明其他《孫子》注家。比如《投筆膚談》等兵書就認為，用間固然重要，但間諜本身也存在著「傳偽於我」和「泄情於彼」兩種風險：「凡間諜之人，或望敵之風，而傳偽於我，或被敵之虐，而泄情於彼，此皆覆敗之所關也。」[24] 這種觀點和蘇洵正好形成了呼應之勢，對兵聖的用間術並不是一味盲從，而是客觀指出其中不足，可謂頗具卓識。

蘇轍非常推崇《孫子》相關情報的論述，故此曾多次在政論文章中加

22 同上注。

23 《權書．子貢》。

24 《投筆膚談．敵情》。

以明引和暗引。比如在《欒城後集·隗囂》中，他這樣説道：

> 《兵法》有之：「知彼知己，百戰不殆；知彼而不知己，一勝一負；不知彼不知己，每戰輒殆。」夫惟知彼知己，而後知所去就哉！

蘇轍認為，兩軍交戰，一定要知彼知己，據此決定攻守策略：「敵國相圖，必審於彼己。將強敵弱，則利於進取；將弱敵強，則利於自守。違此二者，而求成功，難矣。」[25] 這顯然是對孫子「知彼知己」情報思想的闡釋和發揮，借孫子之語呼籲人們重視敵情。

此外，蘇轍還從孫子的「示形術」出發，提出了「無逆其心，而陰墮其志，使之深樂於吾之賄賂，而意不在我」的情報術：

> 臣以為當今之計，禮之當加恭，待之當加厚，使者之往，無求以言勝之，而其使之來者，亦無求以言犯之。凡皆務以無逆其心，而陰墮其志，使之深樂於吾之賄賂，而意不在我。而吾亦自治於內，蒐士揀馬，擇其精鋭而損其數，以外見至弱之形，而內收至強之實。作內政以寓軍令。凡皆務以自損吾強大之勢，而見吾衰弱之狀，使之安然無所顧忌，而益以怠傲。不過數年，彼日以無備，而吾日以充實。彼猶將以吾為不足與也，而有無厭之求。彼怠而吾奮，彼驕而吾怒。及此而與之戰，此所謂敗中之勝而弱中之強者也。[26]

從上述這些文字中，我們同樣可以看出《孫子》對蘇轍所產生的影

---

25 《欒城後集》卷十《祖逖》。

26 《欒城應詔集·民政下·第四道》。

響。蘇轍想必熟讀過《孫子》十三篇，對《計篇》中的「詭道之法」和《虛實篇》中的「形人之術」非常熟悉，雖一直精研儒家思想，蘇轍還是能從容探討詭詐之法，並不是像其父蘇洵那樣採取完全排斥的態度。就這一點來看，蘇轍還是非常具有務實精神，具有兼容並蓄的雅量。如果我們說蘇洵是態度激烈的批評派的話，蘇轍則是立場溫和的騎墻派。

四

明代：繼承和批評並行

明代誕生了不少兵書，而且多為文人所作，這顯然是宋代文人論兵傳統的延續。這些論兵之作，對孫子情報思想不乏獨到見解，既有忠實繼承的一面，也有批評之論， 加大了情報理論的深度。

《百戰奇略》作者不詳，有人將其劃為劉基名下。該書大量引用古代兵法和戰例來闡明自己的兵學理論，對於《孫子》引用尤多，可以看出作者對於這部兵典的熟悉程度。

從《百戰奇略》的佈局謀篇可以看出，作者是把謀略用兵置於戰爭指導的首要地位，也能看出對《孫子》的崇敬之情。因為在《百戰奇略》中，第一篇就是《計戰》，第二篇就是《謀戰》，可以看出作者對十三篇篇名的模仿。當然，我們可以看出情報在作者心目中的地位也是非常之高，因為第三篇就是《間戰》，所論述的就是用間謀略。不僅如此，《百戰奇略》中還有《導戰》、《知戰》、《斥戰》、《輕戰》等篇，也談到了情報工作。

作者曾多次強調「情報先行」的原則：比如「凡欲征伐，先用間諜」[27]，再如「凡與敵戰，必用鄉人引而導之」。[28] 總之，作者始終將偵察

27 《百戰奇略·間戰》。

28 《百戰奇略·導戰》。

和掌握敵情作為作戰行動的第一步工作，對情報工作非常重視，給予了很高的地位。情報先行原則，是《孫子》情報思想的重要原則內容，《百戰奇略》對其有忠實的繼承。從總體上打量，《百戰奇略》的情報思想並沒有多少創新之處，大多是對前人，尤其是孫子的簡單繼承。這可能和該書的著述體例直接相關。如前所述，《百戰奇略》多是引述兵家名言來闡述自己的兵學理論。這樣一來，它必然留下所引著述厚重的影子，因此顯得繼承有餘，創新不足。在《百戰奇略》所引名言中，有八十餘條來自《武經七書》，六十餘條來自《孫子》。所以，《百戰奇略》受到《孫子》的影響是不言而喻的。其情報思想也對孫子有較多繼承，受到孫子的深刻影響。比如《間戰》就是借用《孫子．用間篇》中「無所不用間」一句而展開，《變戰》就是圍繞《孫子．虛實篇》的「能因敵變化而取勝者，謂之神」而展開。我們僅從這個角度，也可看出《百戰奇略》對於孫子的因循。

《孫子參同》是明代李贄評注《孫子》的作品。這本注釋作品集中反映了李贄的軍事思想和情報思想。

在評注《孫子．計篇》時，李贄非常重視「五事七計」，對孫子的「廟算」理論進行了很好的詮釋：

> 七計即五事，其曰兵眾孰強等，總不出五事中將與法二者而已。言以此五事，計算校量於廊廟之上，則彼我勝負之情，自可索而得之矣。[29]

李贄認為，之所以會出現「廟算勝」，是因為能「計索而立見其情」，所以要把這種「廟算」當作是「用兵之第一義」。如果將帥對於這些「五事七計」的廟算之法不聞不問，那就不能稱作是合格的將帥，不能領兵

29 《孫子參同》卷一。

作戰。

李贄對於孫子的大情報觀作了忠實的繼承。李贄認為，一定要將「知彼知己」和「知天知地」聯繫在一起。在評注《地形篇》時，他格外強調了這個觀念：

> 唯料敵致勝之上將，自能計遠近險厄，而用戰必勝。而終之以知彼知己、知天知地焉。知吾卒之可勝，知敵之可以勝，知彼知己也；知卒之可勝，知敵之可以勝，又知吾敵形之可以戰，知天知地也。將而知天知地，則其勝全矣。[30]

李贄肯定了孫子的「不可取於鬼神」的「先知」，同時對孫子以《用間篇》作為結尾的做法提出了自己的看法，認為這是出於對用間的重視：「三軍之事，莫急於用間，故以《用間》終焉。」[31] 這種解讀方式，連同前面對於「廟算」的強調，都體現出李贄對於情報工作的重視。

唐代李靖曾經對孫子的重視用間頗有微詞，認為用間之法只是到了迫不得已才可使用，所以「最為下策」。李贄對他的本家提出了尖銳的反駁意見，旗幟鮮明地表達出對於孫子的支持態度：

> 說出用間事，十分鄭重，言不如此，則是視民如糞壤，以安危為兒戲矣。安得不先知敵人而為之間乎？然李衛公反以用間為不得已，何哉？[32]

從上述這段話中，我們同樣可以看出李贄對於「用間」和「先知」的重視，強調了知敵之情的重要性。為此，他甚至不惜對名將李靖進行點名

---

30 同上注卷五。

31 同上注。

32 同上注。

批評，可謂孫子的隔世知音。

除了上述二人之外，明代茅元儀對孫子同樣有著高度評價。他所輯錄大型軍事學類書《武備志》，在收錄《武經七書》這些重要兵書時，還有一些簡明扼要的點評。從這些點評中，可以看出茅元儀的兵學思想和情報思想，也可以看出他對孫子的敬仰之情。

茅元儀認為，未戰之前就需要做好敵情偵察工作，只有在充分掌握敵情之後，才可以採取各種相應的對策：

> 聞敵之情，則思議之；見敵之情，則思圖之；知敵之情，則思困之；辨敵之情，則思危之。[33]

茅元儀指出，情報人員必須學會透過現象看本質，從「顯者、隱者」考察敵情，學會通過觀察敵人的內政外交來考察敵情，通過考察敵人的親疏探知對方政權是否受到民眾擁護，通過敵人的兵力調度和各種戰術運用來考察敵方的真實意圖：「見其顯者、隱者，而知其心之昏惑；見其作外作內，而知其意之迷亂；見其所疏所親，而知其情之乖戾。」[34] 同時，情報人員還要學會辨別真偽，不能被敵人的假情報所欺騙，所謂「審察必真，且發中時日」。[35] 而且，在偵察敵情的同時，必須要做好防奸保密，不能泄露軍情，所以茅元儀說：「兵之所以勝之術，在乎我者宜密無使其知而通，而吾又不可不知彼之機而速乘之也。」[36]

茅元儀曾在《武備志 · 兵訣評》中，留下一段話：「前《孫子》者，《孫子》不遺，後《孫子》者，不能遺《孫子》」，用它來概括《孫子》對

---

33 《武備志 · 兵訣評 · 六韜 · 龍韜》。

34 《武備志 · 兵訣評 · 六韜 · 武韜》。

35 《武備志 · 兵訣評 · 吳子 · 料敵》。

36 同注 34。

我國古代兵學史的影響。筆者認為，僅就古典情報思想而言，用這幾句話對我國古典情報思想史進行概括和總結，也堪稱允當之語。早於《孫子》的，《孫子》都充分進行了吸收，晚於《孫子》的，不免受到《孫子》的影響。我國古典情報思想確乎受到了《孫子》的深刻影響。

上述各家多是頌揚派或繼承派，對孫子更多的是褒獎，將其奉為神明。與這種頌揚派相比，明代出現的批評派也值得我們關注，他們繼承了蘇洵等人的批評精神，對《孫子》的情報思想，尤其是用間理論，繼續予以批判。

《投筆膚談》為明代何守法所作，該書總共十三篇，從體制上看，似乎完全是在刻意模仿《孫子》十三篇，但在篇目名稱和思想內容上看，則完全是一部創新之作，與《孫子》有較大差別。在《投筆膚談》中，有《諜間》、《敵情》、《方士》等篇論及情報工作。其中不乏對孫子的批評之聲。

關於敵情，作者首先看到的是「敵情亦難得」，充分認識到情報蒐集工作的困難之處。因為「敵不示我以情，亦猶我不以情示敵」[37]，作為交戰雙方都會保守軍事機密，嚴防泄密，所以蒐集情報工作並非易事，一定會遇到很多困難。重視情報工作的重要性，同時也看到情報工作的困難，何守法對情報工作能用一種辯證眼光看待，這是非常難得的。

何守法對於用間也持辯證態度。作者認為，間諜固然重要，但也存在著「傳偽於我」和「泄情於彼」兩種風險：「凡間諜之人，或望敵之風，而傳偽於我，或被敵之虐，而泄情於彼，此皆覆敗之所關也。」[38] 因此，作者主張，對於間諜必須做到「可用而不可恃」。可以看出，這與《唐太宗李衛公問對》及《草廬經略》的觀點保持一致，和孫子一味倚重用間有

37 《投筆膚談 · 敵情》。

38 同上注。

明顯不同。

《草廬經略》是明代另外一部重要兵書，作者不詳。從書的內容判斷，它應該成書於明代萬曆初年。清代宋慶曾稱讚此書為「談兵者不可缺少之書」[39]，對此書給予了高度評價。

在《草廬經略》一書中，有「詭譎」、「尚秘」、「斥候」、「間諜」、「鄉導」等篇章都涉及情報思想，很多內容切實而具體，不容忽視。其中也大量引用孫子的論述，藉此完成自己的著述。

《草廬經略》對《唐太宗李衛公問對》中「或用間以成功，或憑間以傾敗」[40] 的認識極為欣賞，所以提出了與此非常類似的主張，認為用間「可用而不可恃」。作者一針見血地指出，作為將帥，不應該將勝負的籌碼全部寄託在用間上，否則就可能帶來災難性後果。這一點，和蘇洵一樣，是受到《唐太宗李衛公問對》的啟示。相對於特別重視用間，只見其利、不知其害的孫子來說，要顯得更為冷靜客觀。

《兵經》為明代揭暄所著。作者以一字概括一條用兵原則，共一百字，論述了一百條用兵原則。作者自視甚高，認為該書就兵學體系而言，比《武經七書》更加完整，也更有思想價值。僅僅從書名就可以看出他決心超越孫子的野心。比如，作者不同意孫子對於「間」的五分法，所以在「間」字條就間諜運用的手段和方法出發，作了一種新的歸納：「有生、有死、有書、有文、有言、有謠、用歌、用賂、用物、用爵、用敵、用鄉、用友、用女、用恩、用威。」這十六種方法極大地豐富了古代的用間術。從孫子的「五分法」，到李靖的「八分法」，再到揭暄的「十六分法」，其中體現的是古代諜報術的發展。

---

39 《草廬經略．序言》。

40 見《唐太宗李衛公問對》卷中。

五

清代：《用間篇》的另類注解

清代，我們選取朱逢甲為代表。他所著《間書》，被很多人認為是對《孫子 · 用間篇》的注解之作。

朱逢甲，字蓮生，華亭（今屬上海）人，生卒年月尚不可考。朱逢甲撰寫《間書》是希望能以古代間諜活動為鑒，為清朝統治者「勘平」起義起到作用。《間書》大量採集古代間諜活動實例，研究探索用間方法，對於我們研究古代情報史，探討古典諜報理論，具有重要價值。而且，從朱逢甲對於用間含義的拓展來看，其所論就是今天情報工作的基本內容。所以，我們不妨將《間書》視為對中國古典情報工作所做的總結之作，而不能單純視為對《用間篇》的注解。如果非得視為注釋之作，那也只能說是「六經注我」。

眾所周知，「用間」一詞出自《孫子 · 用間篇》，意思是「使用間諜」。歷代所稱「用間」，也大多採用這一意思。但在《間書》中，作者考訂了歷代典籍「間」的名稱和沿革，就此透露出自己對「用間」的理解，與傳統的說法不一樣。我們可以明顯看出，作者對於「用間」一詞採用的是一個比較寬泛的概念。除了普通所理解的「使用間諜」這一層意思之外，還兼有偵察敵情、軍事外交等方面含義。故此，朱逢甲所論「用間」，實則就是論「情報」。

就總體而言，《間書》中，取傳統意義的「使用間諜」的案例非常之多，但是在此之外的也有不少。比如說，偵察敵情的活動，作者也稱之為「用間」。比如晉國攻宋，先派偵察人員偵察瞭解情況，集偵察和分析判斷為一體，明顯已經超出一般間諜活動。再比如外交遊説活動，作者也稱之為「用間」，如張孟談救趙一例。張孟談以趙的家臣的身份，「陰見韓、魏之君」，從事遊説和瓦解工作，類似於今天的外交，但朱逢甲也將其歸於用間，這顯然是持大情報觀。

由此可見，《間書》中所謂「用間」，並非普通意義上的間諜活動，而是包括偵察敵情、分析判斷、軍事外交、謀略運用等多種手段在內，其實就是今天情報工作的主體內容。朱逢甲在自序中說：「夫主戰，鬥力也；用間，鬥智也。」朱逢甲把不用兵力、不借刀槍的鬥智行為都納入用間範圍，從而擴大了傳統意義的用間的內涵，使得《間書》超越了孫子的《用間篇》，顯示出他開闊的視野。

朱逢甲著力強調情報的地位和作用，較孫子更進一步。

情報工作本是軍事鬥爭不可缺少的重要組成部分。春秋末期的孫子，敢於突破古軍禮的束縛，將用間和情報工作擺到非常重要的位置，是一種唯物精神的體現。但是，在歷史上，也有很多儒家出身的知識分子，把用間視為一種可恥行為，是一種不夠正大光明的不法手段。如果有誰認為儒家所推崇的聖賢也曾經從事過間諜活動，那就是對聖人的污蔑。

對此，朱逢甲作了針鋒相對的反駁。他這樣寫道：「殷之伊尹，聖之任者，拯民水火，即身為間，何傷？伯厚（按，王應麟之字）拘儒，識隘未化。孫子之言，當自有據，未可臆駁。」在經歷了戰火的朱逢甲看來，那些為了捍衛「聖賢」的形象而否定「用間」的儒者，都是頑固不化的迂腐之徒。

為了強調「用間」的作用，引導人們正確對待情報工作，《間書》採取了「以儒駁儒」的手法，歷述儒家心目中的聖人事跡以及儒家經典著作中相關情報工作的言論，同時也援引古代兵書的有關論述和大量用間史實，論説了用間的重要性。他這種強調情報工作地位的做法，毫無疑問都是非常正確的，也是自孫子以來中國古典兵學的優良傳統之一。

當然，我們還要看到，朱逢甲在突出情報工作地位和作用的同時，也有強調過頭之處。他在自序中認為，當財政不足以支持戰爭的需要，軍隊懼戰，士兵沒有戰鬥力的時候，通過用間可以一舉「擒賊王」，從而可以達到「不戰而屈人之兵」的目的。朱逢甲的這些設想固不失為一種探討，但他這種以用間來包辦一切的看法，其實並不現實，多少顯出一絲書生氣。我們認為，情報和用間的作用固然突出，地位也很重要，會對戰爭勝負、國家安全產生重要影響，卻不能包辦一切。決定戰爭勝負的諸多因素中，起最重要作用的一定是軍事實力，包括國家安全的可靠保證，同樣需要依靠實力。

自《孫子》問世之後，中國歷代兵書大抵沿著「祖述孫子」的道路前進，《間書》也不例外。朱逢甲在引用史料，概略地評述歷代偵察情報和間諜活動的實踐時，雖則也會隱約受到《孫子 · 虛實篇》等影響，但其理論基礎和框架則基本依據了《孫子 · 用間篇》的相關論述。

首先，《間書》節錄了孫子有關用間的重要性的論述，強調軍事鬥爭必須用間。其次，《間書》對大量史實資料的分類，所遵循的依然是孫子的「五間」説，即把各種諜報活動分為鄉間、內間、反間、死間、生間五類，並認為《李衛公兵法》所説的五間，與孫子所説相表裏。「邑人」即鄉間，「仕子」即內間，「敵使」即反間，「賢能」即生間，「罪戾」即死間。再次，又以具體事例進一步論證了情報工作中的「保密」和「厚賞」兩條重要的政策。

但是，朱逢甲沒有停留在《孫子 · 用間篇》或《李衛公兵法》原地踏步。從《間書》可以看出，朱逢甲有述有作，有自己的發展。

《間書》對於用間的內涵也做了最大範圍的拓寬。此外，作者還十分突出地強調了「巧於用間」的重要性。他特別強調用間方法的靈活性，推崇的是各種用間方法的「神明變化而用之」，反對的是讀古人兵書而「刻舟求劍」。朱逢甲以巧於用間為標準，把全書的大部分篇幅用在列舉各種「千變萬化、微乎其微」的情報案例方面。我們甚至可以說，《間書》的靈魂正是「巧於用間」。這是《間書》對前人用間思想的發展，也是對後人的最大啟發。

除了「巧」字之外，朱逢甲爬梳史料、廣徵博引，詳列用間之秘策，力圖實現自己寫作這部獨特兵書的目的：「用間之法，略備於斯。」[41] 朱逢甲援引《孫子 · 用間篇》及後人的注釋，對鄉間、內間、反間、死間、生間分條做了說明，並認為孫子的「五間」說最為精微詳盡。對於《李衛公兵法》所提出的用間之道，《間書》認為，這些與孫子的說法互為表裏，因邑人即鄉間，因仕子即內間，因敵使即反間，擇賢能即生間，緩罪戾即死間。這顯然捍衛了孫子的用間理論。作者以孫子的「五間」為綱，精選富有新意、具有獨創性的案例，分別排列在各種用間方法之下。這些形形色色的案例，生動活潑、新穎獨到，很好地注解了《孫子 · 用間篇》。從這個角度來看，朱逢甲的《間書》又是在完成「我注六經」了。

41 《間書 · 自序》。

六

近現代：毛澤東對孫子情報思想的重視

拉開近代《孫子》研究大幕的，數陸懋德和蔣方震。尤其是蔣方震，非常注意援引近現代兵學理論注解《孫子》。蔣方震認為，《孫子》以《計》為首，又以《用間》為終，其實是反映了作者「以主德始，以廟算終」[42]的思想，也即：「以廟算始，以廟算終」，高度重視情報工作。

李浴日同樣重視結合西方兵學理論研讀《孫子》。他將孫子的軍事理論歸納為先知、計劃、自然、求己等十大原理，從中也可以看出其對以「先知」為核心的情報工作的重視。

毛澤東對於這部古代兵學經典也有過研究。他肯定和吸收了孫子軍事思想中的大量有益成分，擯棄和改造了不少在他看來是過時的或陳舊的內容，很好地指導了中國革命戰爭實踐，帶領人民軍隊不斷地取得勝利。《孫子兵法》討論戰略戰術的名言有很多，相比之下，毛澤東似乎對「知彼知己，百戰不殆」更加偏愛，曾經數次引用。這句名言雖然不在《計篇》，卻和《孫子 · 計篇》的「廟算」理論緊密相連，孫子曾經兩次提起。[43] 毛澤東曾引用這句名言告誡黨內同志，要全面辯證地看問題：「孫

42 蔣方震、劉邦驥：《孫子淺說 · 緒言》（房西氏抄本，1915 年）。

43 見《謀攻篇》和《地形篇》。

子論軍事說：『知彼知己，百戰不殆。』他說的是作戰的雙方。唐朝人魏徵也說：『兼聽則明，偏信則暗。』也懂得片面性的不對。」[44] 當然，除了強調「知彼」和「知己」之外，孫子同樣強調「知天」和「知地」，以此告訴指揮員或戰略決策人員，應當樹立一種「大情報觀」，即綜合分析影響戰爭勝負的各種要素，不能顧此失彼，出現絲毫的偏頗。

在另外一處，毛澤東則對「知彼知己，百戰不殆」做了更加詳細的解讀，他說：「有一種人，明於知己，暗於知彼，又有一種人明於知彼，又暗於知己，他們都是不能解決戰爭規律的學習和使用的問題的。中國古代大軍事學家孫武子書上『知彼知己，百戰不殆』這句話，是包括學習和使用兩個階段而說的，包括從認識客觀實際中的發展規律，並按照這些規律去決定自己行動克服當前敵人而說的；我們不要輕看這句話。」[45]1938 年 5 月，毛澤東在撰寫《論持久戰》時再次引用了這句名言。在這篇著名的軍事著作中，毛澤東這樣說道：「戰爭不是神物，仍是世間的一種必然運動，因此，孫子的規律，『知彼知己，百戰不殆』，仍是科學的真理。錯誤由於對彼己的無知，戰爭的特性也使人們在許多的場合無法全知彼己，因此產生了戰爭情況和戰爭行動的不確實性，產生了錯誤和失敗。然而，不管怎樣的戰爭情況和戰爭行動，知其大略，知其要點，是可能的。」[46] 相比較前兩次，毛澤東在這裏使用了「科學的真理」這樣的評語，這無疑是對孫子做出了更高的評價。

「知彼知己」是孫子戰爭籌劃理論的一個關鍵內容。如前所述，孫子在《計篇》中所提出的「廟算」理論，其實就是要求戰爭決策部門要將敵我雙方的實力對比計算清楚，對於敵情和我情都有全面的掌握，進而對於

44 《毛澤東選集》（一卷本）（北京：人民出版社，1966 年），頁 301。

45 同上注，頁 175。

46 同上注，頁 458。

戰爭的發展趨勢做到心中有數，避免打無準備之仗。毛澤東在《中國革命戰爭的戰略問題》一文中表達了類似的思想。他這樣説道：「指揮員的正確的部署來源於正確的決心，正確的決心來源於正確的判斷，正確的判斷來源於周到的和必要的偵察，和對於各種偵察材料的連貫起來的思索。指揮員使用一切可能的和必要的偵察手段，將偵察得來的敵方情況的各種材料加以去粗取精、去偽存真、由此及彼、由表及裏的思索，然後將自己方面的情況加上去，研究雙方的對比和相互的關系，因而構成判斷，定下決心，制定計劃，——這是軍事家在制定每一個戰略、戰役或戰鬥的計劃之前的一個整個的認識情況的過程。」[47] 毛澤東這段話和孫子的「廟算」不無相似之處。

就戰術層面而言，毛澤東也對《孫子》有肯定之處。從《形篇》到《勢篇》再到《虛實篇》，孫子就如何創造對己有利的作戰態勢做了充分論述。他最終所要達成的就是「形人而我無形」。[48] 毛澤東對孫子的這些「示形」法則提出了讚賞：「敵人會犯錯誤，正如我們自己有時也弄錯，有時也授敵以可乘之隙一樣。而且我們可以人為地造成敵軍的過失，例如孫子所謂『示形』之類。」[49] 毛澤東在他的軍事著作中，把這些「示形」理論概括為更加通俗易懂的「聲東擊西」等戰術和戰法，高度強調了戰術欺騙和靈活用兵，告訴指揮員要利用各種有效手段迷惑敵人，再伺機對敵實施襲擊。

毛澤東善於學習經典，卻從不迷信經典。他雖對《孫子》讚賞有加，也對孫子兵學思想進行了很大力度的擯棄或改造。其中最有名的是對孫子速決戰的改造。名著《論持久戰》，與孫子主張速勝的理論恰好是反其道

---

47 同上注，頁 173。

48 《孫子．虛實篇》。

49 同注 44，頁 203。

而行之。艱苦卓絕的抗日戰爭最終以中國獲勝、日本戰敗而結束，《論持久戰》的戰爭決策思想和科學預見等，都經受住了歷史的檢驗。正是因為毛澤東不盲從孫子，不迷信經典，才最終贏得中國革命的勝利。

附錄

《孫子兵法》情報思想類編

說明：

本章從情報觀、情報蒐集、情報分析和反情報等方面，對《孫子》中論及情報的文字進行歸納和梳理，希望能為讀者朋友研習相關專題提供參考作用。需要說明的是，古人文辭簡練，筆者水平有限，以今律古，難免會有失當之處，希望能得到大家的批評指正。

一

情報觀

【原文】

掠鄉分眾[1]，廓地分利[2]，懸權而動[3]。先知迂直之計者勝，此軍爭之法也。（選自《軍爭篇》）

【注釋】

1　掠鄉分眾：言分兵數路以擄掠敵國鄉邑。掠，一說當作「指」。

2　廓地分利：此言開土拓境，分兵佔領扼守有利之地形。廓，開拓、擴展。

3　懸權而動：言權衡利弊得失而後採取行動。權，原義為秤錘，這裏指衡量、權衡利害關係。

【簡評】

論述了擴展領土、爭奪利益的原則，主張「先知」和權衡利害，相機而動。

【原文】

故知勝有五：知可以戰與不可以戰者勝；識眾寡之用者勝；上下同慾者勝[1]；以虞待不虞者勝[2]；將能而君不禦者勝[3]。此五者，知勝之道也[4]。（選自《謀攻篇》）

【注釋】

1　識眾寡之用者勝：能善於根據雙方兵力對比情況而採取正確戰法，就可以取勝。眾寡，指兵力多少。上下同慾者勝：上下同心協力的能夠獲勝。同慾，意願一致，指齊心協力。

2　以虞待不虞者勝：自己有準備對付沒有準備之敵則能得勝。虞，有準備，有戒備。

3　將能而君不禦者勝：將帥有才能而國君不加掣肘的能夠獲勝。能，賢能、有才能。禦，原意為駕馭，這裏指牽制、制約。

4　知勝之道也：認識、把握勝利的規律。道，規律、方法。

【簡評】

能否預知勝利，在於能否很好地先機掌握情報。

【原文】

故曰：知彼知己者，百戰不殆[1]；不知彼而知己，一勝一負[2]；不知彼，不知己，每戰必殆。（選自《謀攻篇》）

【注釋】

1　知彼知己者，百戰不殆：審知彼己強弱之勢，雖經百戰，也無危險。殆，危險。

2　一勝一負：勝負各半，無必勝之把握。

【簡評】

論述知彼知己的重要性，主張對彼、己雙方情況都要做到全面掌握。

【原文】

知吾卒之可以擊，而不知敵之不可擊，勝之半也[1]；知敵之可擊，而不知吾卒之不可以擊，勝之半也；知敵之可擊，知吾卒之可以擊，而不知地形之不可以戰，勝之半也[2]。故知兵者[3]，動而不迷[4]，舉而不窮[5]。故曰：知彼知己，勝乃不殆；知天知地，勝乃不窮[6]。（選自《地形篇》）

【注釋】

1　勝之半也：意謂勝利或失敗的可能性各佔一半，即沒有必勝的把握。

2　而不知地形之不可以戰，勝之半也：此言如果不知道地形不適宜於作戰，得不到地形之助，則能否取勝同樣也無把握。

3　知兵者：通曉用兵打仗之道的人。

4　動而不迷：行動起來從不迷惑，含有不盲動的意思。迷，迷惑、困惑。

5　舉而不窮：舉，行動。窮，困窘、困厄的意思。此句意為所採取的作戰措施因敵制宜，變化無窮。

6　勝乃不窮：指勝利永遠不會有窮盡。

【簡評】

強調了情報的重要性，也強調了情報工作需要知彼、知己、知天、知地，也即全面地考察和瞭解情況。

【原文】

孫子曰：凡興師十萬，出征千里，百姓之費[1]，公家之奉[2]，日費千金；內外騷動[3]，怠於道路[4]，不得操事者[5]，七十萬家[6]；相守數年[7]，以爭一日之勝，而愛爵祿百金[8]，不知敵之情者，不仁之至也[9]，非人之將也，非主之佐也，非勝之主也[10]。故明君賢將，所以動而勝人[11]，成功出於眾者，先知也[12]。先知者，不可取於鬼神[13]，不可象於事[14]，不可驗於度[15]，必取於人，知敵之情者也[16]。（選自《用間篇》）

【注釋】

1 百姓之費：漢簡本作「百生之費」，「生」為「姓」之古字。

2 公家之奉：公家，指國家（公室）。「奉」同「俸」，指軍費開支。

3 內外騷動：指舉國上下混亂不安。內外，前方後方的統稱。騷動，動亂不安。

4 怠於道路：怠，《說文・心部》:「怠，慢也。」引申有疲憊、疲勞義。

5 不得操事者：不得，不能夠。操事，操作農事。

6 七十萬家：比喻戰爭對從事正常農業生產影響之大

7 相守數年：意即相持多年。相守，相持、對峙的意思。

8 而愛爵祿百金：而，如果、倘若。愛，吝嗇、吝惜。爵，爵位。祿，俸祿。百金，泛指金錢財寶。

9 不仁之至也：不仁慈，不恩惠到了極點。至，極、極點。

10 非勝之主也：意謂這不是能主宰勝利的好國君。主，主宰。另一說，「主」指人主、國君。

11 動而勝人：意為一出兵就能夠克敵制勝。動，行動、舉動。此處指出兵。而，則、就的意思。

12 成功出於眾者，先知也：出於，超過、勝於。先知，預先偵知察明敵情。

13 不可取於鬼神：指不可以通過祈禱、祭祀鬼神和占卜等方法去求知敵情。

14 不可象於事：象，類比、比附。事，事情。此句意為不可用與其他事情作類比這一辦法去求知敵情。

15 不可驗於度：指不能用徵驗星辰運行度數的辦法去求知敵情。驗，應驗、驗證。度，度數，指日月星辰運行的度數（位置）。

16 必取於人，知敵之情者也：一定要取之於人，取之於那些熟悉、瞭解敵人內情的人。

【簡評】

論述重用間諜、先期掌握敵情的重要性，也論述了預先掌握敵情的方法和原則：一定要「取於人」，發揮人的主觀能動性，積極主動地獲取。

【原文】

昔殷之興也[1]，伊摯在夏[2]；周[3]之興也，呂牙[4]在殷。故惟明君賢將，能以上智[5]為間者，必成大功。此兵之要[6]，三軍之所恃而動也[7]。（選自《用間篇》）

【注釋】

1 昔殷之興也：殷，即商朝。

2 伊摯在夏：伊摯，即伊尹，商朝賢臣，開國元勳。原為夏桀的臣子，後歸附商湯，商湯任用他為相。在滅夏過程中，伊尹刺探敵情，發揮了很大的作用。夏，夏朝，大禹之子夏啟所建立的中國歷史上第一個統治王朝，共傳十四朝，十七王，至夏桀時為商湯所滅亡。

3 周：周朝，公元前 11 世紀周武王伐紂滅商後所建立的王朝，建都於鎬京（今陝西西安）。公元前 771 年，周平王遷都洛邑（今河南洛陽），故又劃分為西周和東周。

4 呂牙：即姜尚、姜子牙，俗稱周太公，曾為商紂王之臣。祖先封於呂，故又稱為「呂牙」。周武王任用他為「師」，推翻了殷商王朝的統治，後被分封於齊地（在今山東境內），為齊國開創者。

5 上智：最有智能謀略的人。

6 此兵之要：這就是軍事行動中的關鍵所在。要，要害、要務、關鍵的意思。

7 三軍之所恃而動也：軍隊要依靠間諜所提供的情報而展開活動，實現既定的戰略目標。

【簡評】

以伊摯和呂牙為例，說明任用智慧高超的人充當間諜，就一定能夠建立功業的道理。

【原文】

夫兵形象水[1]，水之形，避高而趨下[2]；兵之形，避實而擊虛[3]。水因地而制形，兵因敵而制勝[4]。故兵無常勢，水無常形[5]，能因敵變化而取勝者，謂之神[6]。故五行無常勝[7]，四時無常位[8]，日有短長，月有死生[9]。（選自《虛實篇》）

【注釋】

1 兵形象水：言用兵的規律如同水的運動規律一樣。兵形，用兵打仗的方式方法，也可以理解為用兵的一般規律。

2 水之形，避高而趨下：水之形，水的活動形態。此句言水的活動趨向是避開高處流向低窪之地。俗語有「水往低處流，人往高處走」。

3 兵之形，避實而擊虛：言用兵的原則是避開敵人堅實之處，攻擊其空虛薄弱且又關鍵重要的地方。

4 水因地而制形，兵因敵而制勝：制，制約、決定。制勝，制服敵人以取勝。此句意為水之流向受地形高低不同的制約，作戰中的取勝方法則依據敵情不同來決定。

5 兵無常勢，水無常形：此句言用兵打仗無固定刻板的態勢或模式，猶如流水一樣並無一成不變的形態。勢，態勢。常勢，固定永恆的態勢。常形：一成不變的形態。

6 能因敵變化而取勝者，謂之神：意謂若能依據敵情變化而靈活處置以取勝，則可視之為用兵如神。

7　五行無常勝：意謂金、木、水、火、土「五行」相生相剋無定數。按，古人將金、木、水、火、土視為組成一切物質的最基本要素。始有「相生説」，即五行之間相互促進：「木生火，火生土，土生金，金生水，水生木」。而後有「相勝説」，即「五行」之間相互排斥、迭次相剋：「水勝火，火勝金，金勝木，木勝土，土勝水」。不論「相生」抑或「相勝」，五行間的關係是固定的。另外，當時還有「五行不常勝」説，乃墨家後學的觀點。《孫子》云「五行無常勝」，意近墨家兵學「無常勝」之説。這表明《孫子》或有後人增附現象。

8　四時無常位：此言春、夏、秋、冬四季推移變換永無止息。四時，指春、夏、秋、冬四季。常位，固定不變的位置。

9　日有短長，月有死生：意謂白晝因季節變化而有長有短，月亮因循環往復而有盈虧晦望。日，白晝。死生，月亮循環往復之「生霸」和「死霸」，通指月亮運轉時盈虧晦明之變化。「霸」字亦作「魄」，是月之光明。生霸是指月生光明，死霸是指月亮由明轉晦。古人將每個月之月相變化，順次稱作為：初吉，既生霸；既望，既死霸。詳參王國維《生霸死霸考》。

【簡評】

論述用兵規律就像流水，沒有固定刻板態勢，作為指揮員一定要能夠根據敵情變化而靈活機動取勝。

二

情報分析

【原文】

故經[1]之以五事，校之以計而索其情。一曰道[2]，二曰天，三曰地，四曰將，五曰法。道者，令民與上同意[3]也。故可以與之死，可以與之生，而不畏危[4]。天者，陰陽[5]、寒暑、時制也。地者，遠近、險易、廣狹、死生[6]也。將者，智、信、仁、勇、嚴也。法者，曲制、官道、主用也。凡此五者，將莫不聞，知之者勝，不知之者不勝。故校之以計，而索其情。曰：主孰有道？將孰有能？天地孰得？法令孰行？兵眾孰強？士卒孰練？賞罰孰明？吾以此知勝負矣。（選自《計篇》）

【注釋】

1　經，分析的意思。也有説是度量。可與同句「校」字聯繫起來考察。索，探索，含有用力用心之意。

2　道，本義為道路，引申為方法、規律。這裏是就政治層面而言，可算是政治之道。

3　同意，同一意志。

4　不畏危，簡本作弗詭，於義也通。

5　陰陽，指的是晝夜、寒暑等天時變化。

6　死生，指死地和生地。

【簡評】

本段論述的是「五事七計」的具體內容，先是「經之以五事」，再是「校之以計」，最終實現「索其情」，也即掌握戰爭雙方的實際情況。

【原文】

夫未戰而廟算勝者，得算多也；未戰而廟算不勝者，得算少也。[1] 多算勝，少算不勝，而況於無算乎！[2] 吾以此觀之，勝負見[3]矣。（選自《計篇》）

【注釋】

1　所謂廟算，就是古代作戰之前，在廟堂之上商議和籌劃，計算對己方有利的因素。凡是得到一個有利因素，就給己方添加一個算籌，得到算籌越多，便說明戰爭越有把握取勝。這就叫「得算多」。

2　《通典》卷 148、《太平御覽》卷 322 引文均作「而況無算乎」。

3　見，同「現」。

【簡評】

指出「廟算」的重要性，如果在開戰之前就能計算好雙方的優劣情況並進行周密籌劃，就一定能夠打勝仗，反之則不能取勝。

【原文】

兵法：一曰度[1]，二曰量[2]，三曰數[3]，四曰稱[4]，五曰勝。地生度[5]，度生量[6]，量生數[7]，數生稱[8]，稱生勝[9]。故勝兵若以鎰稱銖[10]，敗兵若以銖稱鎰。勝者之戰民也[11]，若決積水於千仞之溪者[12]，形[13]也。（選自《形篇》）

【注釋】

1　一曰度：度，指度量土地面積。賈林注：「度，土地也。」

2　二曰量：量，容量、數量，指計量物質資源。

3　三曰數：數，數量、數目，指計算兵員的多寡。

4　四曰稱：稱，衡量輕重。王晰注：「權衡也。」指敵對雙方實力狀況的衡量對比。

5　地生度：生，產生。言雙方所處地域的不同，產生土地幅員大小不同的「度」。

6　度生量：指幅員大小的不同，產生物質資源多少的「量」的差異。

7　量生數：指物質資源多少的不同，產生兵員多寡的「數」的差異。

8　數生稱：指兵力多寡的不同，產生軍事實力對比強弱的不同。

9　稱生勝：指雙方軍事實力對比的不同，產生、決定了戰爭勝負的不同。

10　故勝兵若以鎰稱銖：鎰、銖，皆古代的重量單位。《玉篇·金部》：「鎰，二十兩。」銖，張預注：「二十四銖為兩。」以鎰稱銖，指兩者相稱，輕重懸殊。此處比喻力量相差懸殊，勝兵對敗兵擁有實力上的絕對優勢。張預注：「有制之兵對無制之兵，輕重不侔也。」

11　勝者之戰民也：戰民，指統率指揮士卒作戰。民，作「人」解，這裏借指士卒、軍隊。戰民，與下篇《勢篇》「任勢者，其戰人也，如轉木石」之「戰人」含義同。春秋時，兵農合一，民眾平時生產，戰時徵集從戎。

12　若決積水於千仞之溪者：仞，古代的長度單位，七尺（一說八尺，見《説文》、《孟子》趙岐注）為仞。千仞，形容極高。谿，同「溪」，山澗。

13　形：喻指軍事實力。《勢篇》云：「強弱，形也。」

【簡評】

從稱勝理論出發，論述營建軍事實力的重要性，以及以眾擊寡、以強擊弱的奪取勝利的基本原則。從中也可以看出古樸的定量分析方法，這是古代情報分析的基礎方法。

【原文】

見勝不過眾人之所知[1]，非善之善者也；戰勝而天下曰善，非善之善者也。故舉秋毫不為多力[2]，見日月不為明目，聞雷霆不為聰耳[3]。古之所謂善戰者，勝於易勝者也[4]。故善戰者之勝也，無智名，無勇功[5]。故其戰勝不忒[6]。不忒者，其所措必勝[7]，勝已敗者也[8]。故善戰者，立於不敗之地，而不失敵之敗也。是故勝兵先勝而後求戰[9]，敗兵先戰而後求勝[10]。善用兵者，修道而保法[11]，故能為勝敗之政[12]。（選自《形篇》）

【注釋】

1 見勝不過眾人之所知：見，預見。不過，不超過。眾人，普通人。知，認識。

2 舉秋毫不為多力：秋毫，鳥獸之毛至秋更生，細而末銳，稱為「秋毫」。通常比喻極輕微的東西。多力，力量大。

3 聞雷霆不為聰耳：能聽到雷霆之聲算不上耳朵靈敏。聰，聽覺靈敏。

4 勝於易勝者也：易勝者，容易戰勝的敵手，指已經暴露弱點之敵。

5 故善戰者之勝也，無智名，無勇功：言真正能打仗的人取得勝利，並不顯露智謀的名聲，並不呈現為勇武殊世的赫赫戰功，而於平淡中表現出來。即老子所謂「大方無隅，大器晚成，大音希聲，大象無形」。

6 故其戰勝不忒：忒，音「特」，失誤、差錯。不忒，無差錯，意為確有把握。

7 其所措必勝：措，籌措、措施、措置。此處指的是作戰措施。

8 勝已敗者也：戰勝業已處在失敗地位的敵人。

9 勝兵先勝而後求戰：勝兵，勝利的軍隊。先勝，先創造不可被敵戰勝的條件。此句意為能取勝的軍隊，總是先創造取勝的條件，然後才同敵人決戰。

10 敗兵先戰而後求勝：指失敗的軍隊總是輕易開戰，然後企求僥倖取勝。

11 修道而保法：道，政治、政治條件。法，法度、法制。意為修明政治，確保各項法制得到貫徹落實。

12 故能為勝敗之政：政，同「正」，主、主宰的意思。

【簡評】

論述了預見勝利的道理，更強調先期創造取勝條件，再尋求同敵人決戰的機會，確保掌握戰爭勝負的決定權。

三

情報蒐集

【原文】

故知戰之地，知戰之日，則可千里而會戰[1]。不知戰地，不知戰日，則左不能救右，右不能救左，前不能救後，後不能救前，而況遠者數十里，近者數里乎[2]？以吾度之[3]，越人之兵雖多[4]，亦奚益於勝敗哉[5]？故曰：勝可為也[6]。敵雖眾，可使無鬥[7]。（選自《虛實篇》）

【注釋】

1 故知戰之地，知戰之日，則可千里而會戰：如能預先瞭解掌握戰場的地形條件與交戰時間，則可以奔赴千里與敵交戰。

2 「不知戰地」至「近者數里乎」句：「數十里」和「數里」，指部隊戰綫拉長，前後照應成為困難。

3 以吾度之：度，估計、推測的意思。

4 越人之兵雖多：越人之兵，越國的軍隊。春秋時期，晉、楚長期爭霸，晉拉攏吳以牽制楚國，楚則如法炮製，利用越來抗衡吳國，吳、越之間多年征戰不已，兩國遂為世仇。孫子為吳王論兵法，自然要以越國為吳的主要假想作戰對象。

5 亦奚益於勝敗哉：奚，何，豈，哪能夠。益：幫助，補益。於，對於。

6　勝可為也：為，造成、創造、爭取的意思。勝可為，言勝利可以積極造就。《形篇》言「勝可知而不可為」，是就客觀規律性立論。指勝利可以預見，但卻不可憑主觀願望強求，而必須具備一定的客觀物質基礎。此處言「勝可為」，乃是就主觀能動性立論，即是說當具備一定客觀條件時，只要將帥充分發揮主觀能動性，就能創造勝利。兩者之間並無矛盾。

7　敵雖眾，可使無鬥：言敵人雖多，但只要創造條件，就能夠使它無法同我較量。

【簡評】

論述了預知交戰地點和交戰時間的重要性。

【原文】

敵近而靜者，恃其險也；遠而挑戰者，欲人之進也；其所居易者，利也[1]。眾樹動者[2]，來也；眾草多障者，疑也[3]。鳥起者，伏也[4]；獸駭者，覆也[5]。塵高而銳者，車來也[6]；卑而廣者，徒來也[7]；散而條達者，樵採也[8]；少而往來者，營軍也[9]。辭卑而益備者，進也[10]；辭強而進驅者，退也[11]；輕車先出居其側者，陳也[12]；無約而請和者，謀也[13]；奔走而陳兵車者，期也[14]；半進半退者，誘也[15]。杖而立者，飢也[16]；汲而先飲者，渴也[17]；見利而不進者，勞也[18]；鳥集者，虛也[19]；夜呼者，恐也[20]；軍擾者，將不重也[21]；旌旗動者，亂也[22]；吏怒者，倦也[23]；粟馬肉食[24]，軍無懸缻[25]，不返其舍者[26]，窮寇也。諄諄翕翕[27]，徐與人言者[28]，失眾也；數賞者，窘也[29]；數罰者，困也[30]；先暴而後畏其眾者[31]，不精之至也[32]。來委謝者[33]，欲休息也[34]。兵怒而相迎，久而不合[35]，又不相去，必謹察之。（選自《行軍篇》）

【注釋】

1　其所居易者，利也：敵軍在平地上駐紮，一定是有利可圖才這麼做的。易，平易，指平地。利，有利、有好處。

2　眾樹動者：眾樹，許多樹木；動，搖曳擺動。

3　眾草多障者，疑也：在雜草叢生之處設下許多障礙，是企圖使我方迷惑。疑，使動用法，使迷惑、使困疑之意。

4　鳥起者，伏也：鳥雀驚飛，是因為其下埋伏著敵軍。伏，埋伏、伏兵。

5　獸駭者，覆也：野獸受驚奔跑，這是敵軍大舉來襲。駭，驚駭、受驚。覆，傾覆、覆沒的意思，引申為鋪天蓋地，蜂擁而至。一說，「覆」亦為伏兵。

6　塵高而銳者，車來也：塵土高揚筆直上升，這是敵人兵車馳來。銳，銳直、筆直。車，兵車。

7　卑而廣者，徒來也：意為塵土低而寬廣，這是敵人的步兵過來。卑，低下。廣，寬廣。徒，步卒、步兵。

8　散而條達者，樵採也：塵土散漫而細長，時斷時續，這是敵人在砍薪伐柴。

9　少而往來者，營軍也：塵土稀少，此起彼落，這是敵人在安營駐軍。

10　辭卑而益備者，進也：敵人措辭謙卑恭順，同時又加強戰備，這表明敵人準備進犯。卑，卑謙、恭敬。益，增加、更加的意思。

11　辭強而進驅者，退也：敵人措辭強硬，在行動上又示以馳驅進逼之姿態，這是其在準備後撤。

12　輕車先出居其側者，陳也：陳，同「陣」，佈列陣勢。

13　無約而請和者，謀也：指敵人還沒有陷入困境卻主動前來請和，這中間一定懷有不可告人的目的。約，困屈、受制的意思。

14 奔走而陳兵車者，期也：意思是敵人急速行動、擺開兵車佈好陣勢，是期求與我進行作戰。期，期求。此處是「期會」（按期會合進行決戰）的意思。

15 半進半退者，誘也：敵人似進不進，似退不退，這是為了誘我入其圈套。

16 杖而立者，飢也：倚著兵器而站立，這是飢餓的表現。杖，同「仗」，扶、倚仗的意思。

17 汲而先飲者，渴也：取水的人自己先飲用，這是敵軍乾渴的表現。汲，汲水、打水。

18 見利而不進者，勞也：明明有利可圖而軍隊卻不前進，說明敵軍已疲勞不堪。

19 鳥集者，虛也：鳥雀群集敵營，表明敵營空虛無人。虛，空虛無人的意思。

20 夜呼者，恐也：軍卒夜間驚呼，這是敵人驚恐不安的象徵。

21 軍擾者，將不重也：據張預注，軍中經常無故驚擾，將不持重。

22 旌旗動者，亂也：敵軍旗幟不停地搖動，表明敵人已經處於混亂之中。

23 吏怒者，倦也：敵人軍官易怒煩躁，表明全軍已經疲倦。

24 粟馬肉食：拿糧食餵馬，殺牲口吃肉。粟，糧穀，此處名詞用作動詞，指用糧食餵馬。

25 軍無懸缻：「缻」同「缶」，汲水用的罐子，泛指炊具。此句是說敵軍收拾起了炊具。

26 不返其舍者：舍，營幕。此言軍不歸幕，暴露野宿。

27 諄諄翕翕：低聲下氣、懇切溫和的樣子。諄，懇切。這裏有絮絮不休的意思。翕，通「習」。

28 徐與人言者：意謂語調和緩地同士卒商談。徐，緩緩溫和的樣子。人，此處指士卒。

29 數賞者，窘也：敵軍一再犒賞士卒，說明其處境困難。數，多次、反復。窘，窘迫、困窘。

30 數罰者，困也：敵軍一再處罰士卒，表明其已經陷入困境。

31 先暴而後畏其眾者：指將帥開始對士卒粗暴，繼而又懼怕士卒。

32 不精之至也：意謂將帥不精明到了極點。

33 來委謝者：委，委質、遺禮。謝，道歉、謝罪。委謝，指委質賠禮。古人相見，多執贄以為禮，故稱「委質」或「委贄」。

34 欲休息也：敵人希望休兵息戰。

35 久而不合：久久沒有展開交鋒的意思。合，指交戰。古代敵對雙方交戰曰「合」。

【簡評】

這裏集中列舉了三十餘種相敵之法，也即戰場偵察敵情的方法。主張通過仔細考察各種行動表徵，來審慎地判斷敵軍的真實意圖。

【原文】

故用間有五：有因間[1]，有內間，有反間，有死間，有生間。五間俱起，莫知其道[2]，是謂神紀[3]，人君之寶也。因間者，因其鄉人而用之[4]。內間者，因其官人而用之[5]。反間者，因其敵間而用之[6]。死間者，為誑事於外[7]，令吾間知之，而傳於敵間也[8]。生間者，反報也[9]。（選自《用間篇》）

【注釋】

1 因間：即下文的「鄉間」。

2 五間俱起，莫知其道：俱，全、一起。道，規律、途徑。

3 是謂神紀：是，這、此。謂，叫作。紀，方法、法度。神紀，意即神妙莫測之道。

4 因間者，因其鄉人而用之：因，根據、依據，引申為利用。鄉人，敵國的普通人。

5 內間者，因其官人而用之：官人，指敵方的官吏。此句意為，所謂內間，是指收買敵國的官吏為間諜。

6 反間者，因其敵間而用之：所謂反間，就是指收買和利用敵方的間諜，使其為我所用。

7 為誑事於外：誑，欺騙，瞞惑。誑事，假情報。此句意為故意向外散佈虛假的情況來欺騙和迷惑對手。

8 令吾間知之，而傳於敵間也：意思是讓我方間諜瞭解自己故意散佈的假情報並傳給敵方間諜，誘使敵人上當受騙。在這種情況下，事發之後，我方間諜往往難免一死，所以稱之為「死間」。另一說，死間乃打入敵方長期固定潛伏的間諜。

9 生間者，反報也：反，同「返」。此句意為：所謂生間，是那些到敵方瞭解情況後能夠活著回來報告敵情的人。

【簡評】

論述了間諜分類及運用方式，共有五種，即因間、內間、反間、死間、生間。

【原文】

故三軍之事，莫親於間[1]，賞莫厚於間[2]，事莫密於間[3]。非聖智不能用間[4]，非仁義不能使間[5]，非微妙不能得間之實[6]。微哉微哉！無所不用間也[7]。間事未發[8]，而先聞者，間與所告者皆死[9]。（選自《用間篇》）

【注釋】

1 莫親於間：於，比。親，親密。

2 賞莫厚於間：此言軍中的賞賜，沒有比間諜所受更為優厚的。

3 事莫密於間：密，秘密、機密的意思。

4 非聖智不能用間：聖智，非凡卓越的才智，指具有傑出才智的人。

5 非仁義不能使間：指如果吝嗇金錢、爵祿，不能做到以誠相待，就無法使間諜樂於效命。

6 非微妙不能得間之實：微妙，精細奧妙，這裏指用心精密，手段巧妙。實，實情。

7 無所不用間也：言無時無地不可使用間諜。

8 間事未發：發，舉、行、施行的意思。此句言間事還未施行開展。

9 而先聞者，間與所告者皆死：先聞，事先知道，即暴露。

【簡評】

討論了使用間諜應當注意的主要事項和原則等。

【原文】

凡軍之所欲擊[1]，城之所欲攻，人之所欲殺，必先知其守將、左右、謁者、門者、舍人[2]之姓名，令吾間必索知[3]之。（選自《用間篇》）

【注釋】

1 軍之所欲擊：此句為賓語前置結構句式，即「（吾）所欲擊之軍」。下「城之所欲攻」、「人之所欲殺」句式同此。

2 守將、左右、謁者、門者、舍人：守將，主將。左右，指守將身邊的親信。謁者，負責傳達通報的人員。門者，負責把守城門的官吏。舍人，門客，指謀士幕僚。

3 索知：偵察瞭解。索，搜索、偵察。

【簡評】

如果準備攻打敵方，就需要派出間諜將重要情況偵察清楚。

【原文】

必索敵人之間來間我者，因而利之[1]，導而舍之[2]，故反間可得而用也。因是而知之[3]，故鄉間、內間可得而使也[4]；因是而知之，故死間為誑事，可使告敵；因是而知之，故生間可使如期[5]。五間之事，主必知之。知之必在於反間，故反間不可不厚也[6]。（選自《用間篇》）

【注釋】

1 因而利之：趁機收買和利用敵間。因，由、就，可理解為順勢、趁機。利，意即收買。

2 導而舍之：導，誘導、引導。舍，同「捨」，釋放、放行。一說，「捨」作「居止」解。

3 因是而知之：此指從反間那裏獲悉敵人內情。

4 鄉間、內間可得而使也：意謂通過利用反間，鄉間和內間才能有效地加以使用。

5 故生間可使如期：如期，按期，此指按期返回報告敵情。

6 故反間不可不厚也：厚，厚待，也包含重視的意思。五間之中，以反間最為關鍵，因此必須給予反間以十分優厚的待遇。

【簡評】

論述了反間的措施和方法，認為用間的關鍵是善於使用反間。

【原文】

孫子曰：凡處軍[1]相敵[2]：絕山依谷[3]，視生處高[4]，戰隆無登[5]，此處山之軍也。絕水必遠水[6]；客[7]絕水而來，勿迎之於水內，令半濟而擊之[8]，利；欲戰者，無附於水而迎客[9]；視生處高，無迎水流[10]，此處水上之軍也。絕斥澤[11]，惟亟去無留[12]；若交軍於斥澤之中[13]，必依水草而背眾樹[14]，此處斥澤之軍也。平陸處易而右背高[15]，前死後生[16]，此處平陸之軍也。凡此四軍之利[17]，黃帝之所以勝四帝也[18]。（選自《行軍篇》）

【注釋】

1　處軍：指行軍舍營、處置軍隊，即在不同地形條件下，軍隊行軍、作戰、駐紮諸方面的處置方法。處，處置、部署的意思。

2　相敵：意為觀察、判斷敵情。相，視、看、觀察的意思。

3　絕山依谷：指通過山地要傍依溪谷行進。絕，越度、穿越。依，傍依、靠近。

4　視生處高：視，看、審察，這裏是面向的意思。生，生處、生地，此處指向陽地帶。高，高地。處高，即居高的意思，即依托高地。視生處高，指的是軍隊駐紮，要面南朝陽，居隆高之地。

5　戰隆無登：指在隆高之地同敵人作戰，不宜自下而上進行仰攻。戰，戰鬥。隆，高地。登，登攀、仰攻。

6　絕水必遠水：意謂橫渡江河，一定要在離江河稍遠處駐紮。絕，橫渡也。遠，此處形容詞作動詞用，遠離之意。

7　客：指敵軍，進攻之敵。下同。主客，古代兵法重要範疇之一。就作戰雙方而言，主指己方，客指敵方；就作戰形式而言，主指防禦一方，客指進攻一方；就作戰態勢而言，主指主動一方，客指被動一方。

8　令半濟而擊之：讓敵軍渡河渡到一半時發動攻擊。此時敵軍首尾不接，行列混亂，攻之容易取勝。濟，渡河。半濟，指渡過一半。

9　無附於水而迎客：不要在挨近江河之處同敵人作戰。無，勿、毋。

附，毗近的意思。迎，迎擊。

10 無迎水流：意謂勿居下游，此指不要把軍隊駐紮在江河下流處，以防敵人決水、投毒。

11 絕斥澤：通過鹽鹼沼澤地帶。斥，鹽鹼地。

12 惟亟去無留：惟，宜、應該。亟，急、迅速。去，離開。意謂遇鹽鹼沼澤地帶，應當迅速離開，切莫停留駐軍。

13 若交軍於斥澤之中：言在鹽鹼沼澤地帶與敵作戰。交軍，兩軍相交，指同敵軍對峙與交戰。

14 必依水草而背眾樹：指一定要依近水草並背靠樹林。依，依近、靠近。背，背靠、倚托之意。

15 平陸處易而右背高：指遇到開闊地帶，也應選擇平坦之處安營，並把軍隊的翼側部署在高地之前，以高地為依托。平陸，開闊的平原地帶。易，平坦之地。右，指軍隊的主要翼側。右背高，指軍隊翼側要後背高地以為依托。一說：右，上的意思；右背高，即以背靠高地為上。

16 前死後生：前低後高。生、死此處指地勢的高、低。本句意謂在平原地帶作戰，也要做到背靠山險而面向平易。

17 凡此四軍之利：四軍，指上述山地丘陵、江河、鹽鹼沼澤地、平原四種地形條件下的處軍原則。

18 黃帝之所以勝四帝也：這就是黃帝所以能戰勝四方部族首領的緣由。黃帝是傳説中的中華民族祖先，部族聯盟首領，號軒轅氏，居有熊。傳説他曾敗炎帝於阪泉，誅蚩尤於涿鹿，統一了黃河流域。四帝，四方之帝，即周邊部族聯盟的首領，一般泛指炎帝、蚩尤等人。

【簡評】

論述了處置和駐紮軍隊的原則，其中的關鍵就是考察清楚地形情況。

【原文】

凡軍好高而惡下[1]，貴陽而賤陰[2]，養生而處實[3]，軍無百疾，是謂必勝[4]。丘陵堤防，必處其陽而右背之[5]。此兵之利，地之助也[6]。上雨，水沫至，欲涉者，待其定也[7]。凡地有絕澗[8]、天井[9]、天牢[10]、天羅[11]、天陷[12]、天隙[13]，必亟去之，勿近也。吾遠之，敵近之；吾迎之，敵背之[14]。軍行有險阻[15]、潢井[16]、葭葦[17]、山林、翳薈[18]者，必謹復索之[19]，此伏奸之所處也[20]。（選自《行軍篇》）

【注釋】

1 好高而惡下：好，喜愛、樂意。惡，厭惡、討厭。

2 貴陽而賤陰：指看重向陽之處而不喜歡陰濕地帶。

3 養生而處實：指軍隊要選擇水草和糧食充足、物資供給方便的地域駐紮。養生，指水草豐盛，糧食充足，便於軍隊生活。處實，指軍需物資供應便利。

4 軍無百疾，是謂必勝：將士百病不生，所以能夠取得必勝。

5 必處其陽而右背之：指置軍於向陽之地並使其主要側翼背靠高地。

6 地之助：意謂得自地形條件的輔助。

7 上雨，水沫至，欲涉者，待其定也：沫，據張預注，謂水上泡漚。涉，原意為步行渡水，這裏泛指渡水。定，指水勢平穩。

8 絕澗：指溪谷深峻、水流其間的險惡地形。

9 天井：指四周高峻、中間低窪的地形。

10 天牢：牢，牢獄。天牢即是對高山環繞、易進難出的地形之形象描述。

11 天羅：羅，羅網。指草深林密，荊棘叢生，軍隊進入後有如深陷羅網無法擺脱的地形。

12 天陷：陷，陷阱。指地勢低窪、道路泥濘、車馬易陷的地帶。

13 天隙：隙，狹隙，指兩山相向、澗道狹窄險惡的地形。

14 吾遠之，敵近之；吾迎之，敵背之：意謂對於上述「絕澗」等「六害」地形，我們要遠離它、正對它，而讓敵軍去接近它、背靠它。之，指「絕澗」等六種不利地形。

15 軍行有險阻：險阻，據《爾雅·釋名》云：「山巇曰險，水隔曰阻。」

16 潢井：指積水低窪之地。

17 葭葦：蘆葦，這裏泛指水草叢聚之地。

18 山林、翳薈：指山林森然，草木繁茂。

19 必謹復索之：一定要仔細、反復地進行搜索。謹，謹慎。復，反復。索，搜索、尋找。

20 此伏奸之所處也：指「險阻」、「潢井」等處往往是敵人伏兵或奸細的藏身之處。

【簡評】

由「知地」出發，論述駐紮軍隊的原則，比如選取乾燥的高地，遠離潮濕的窪地，重視向陽之處，輕視陰濕之地，靠近水草多的地區，保障軍需供應充足等。

【原文】

孫子曰：地形有通者[1]，有掛者[2]，有支者[3]，有隘者[4]，有險者[5]，有遠者[6]。我可以往，彼可以來，曰通。通形者，先居高陽[7]，利糧道[8]，以戰則利[9]。可以往，難以返，曰掛。掛形者，敵無備，出而勝之；敵若有備，出而不勝，難以返，不利[10]。我出而不利；彼出而不利[11]，曰支。支形者，敵雖利我[12]，我無出也；引而去之[13]，令敵半出而擊之[14]，利。隘形者，我先居之，必盈之以待敵[15]；若敵先居之，盈而勿從[16]，不盈而從之。險形者，我先居之，必居高陽以待敵[17]；若敵先居之，引而去之，勿從也[18]。遠形者[19]，勢均[20]。難以挑戰[21]，戰而不利。凡此六者，地之道也[22]，將之至任[23]，不可不察也。（選自《地形篇》）

【注釋】

1 地形有通者：地形，地理形狀、山川形勢。通，通達，指廣闊平坦、四通八達的地區。

2 掛者：掛，懸掛、牽礙。此處指前平後險、易入難出的地區。

3 支者：支，支持、支撐。這裏指敵我均可據險對峙、不易於發動進攻的地區。

4 隘者：狹隘險要之地。這裏特指兩山之間的峽谷地帶。

5 險者：險，險惡、險要，指行動不便的險峻地帶。

6 遠者：指路途迂回曲折、敵我雙方相距甚遠的地區。

7 先居高陽：意為搶先佔據地勢高隆且向陽之處，以爭取主動。

8 利糧道：指保持糧道的暢通無阻。利，此處用作動詞。

9 以戰則利：以，為的意思。

10 「掛形者」至「難以返，不利」句：意謂在「掛」形地帶，敵方如無防備，可以主動出擊奪取勝利；如果敵人已有戒備，出擊不能取勝，軍隊想要歸返就困難了。

11 彼出而不利：敵人出擊也同樣不利。而，此處作亦、也解。

12 敵雖利我：利，利誘，指敵人以利相誘。

13 引而去之：引，引導、帶領的意思。去，離去、離開。引而去之，指率領部隊偽裝退去。

14 令敵半出而擊之：令，使。意謂等敵人一半兵馬出擊之後，再發起攻擊。

15 必盈之以待敵：一定要動用充足的兵力堵塞隘口，來對付來犯的敵軍。盈，滿、充實的意思。

16 盈而勿從，不盈而從之：此言在「隘」形地域，敵人如果已先我佔領，並用重兵把守住了隘口，我方就不可順隨敵意去攻打；如果敵人還未用重兵扼守隘口，我軍就應該全力進攻，去爭奪險阻之利。從，順從、從隨，這裏指發起進攻。

17 險形者，我先居之，必居高陽以待敵：意謂在險阻之地，我軍應當搶先佔據地高向陽的要害之處以待敵軍，爭取主動。

18 若敵先居之，引而去之，勿從也：如果敵已佔據要地，宜速離去，不可與之交戰。

19 遠形者：這裏特指敵我營壘距離甚遠。

20 勢均：即敵我雙方所處地理條件均等。孟氏注、張預注皆謂「兵勢」相均，杜佑注則謂「地勢」相均，於義都通，但由於此篇是就「地形」立論，所以杜說似乎更為在理。

21 難以挑戰：此言由於地遠勢均，近敵挑戰則勞師辱軍，所以稱之為「難」。挑戰，挑動敵人出戰。

22 地之道也：意為上述六者是將帥指揮作戰時利用地形的基本原則。道，原則、規律。

23 將之至任：指將帥所應擔負的重大責任。至，最、極的意思。

【簡評】

集中總結了各種地形特點，如「通」、「掛」、「支」、「隘」、「險」、「遠」等，提示將帥必須認真考察研究，趨利避害。

【原文】

夫地形者，兵之助也[1]。料敵制勝[2]，計險厄遠近[3]，上將[4]之道也。知此而用戰者必勝[5]，不知此而用戰者必敗。故戰道必勝[6]，主[7]曰無戰，必戰可也[8]；戰道不勝，主曰必戰，無戰可也[9]。故進不求名，退不避罪，唯人是保[10]，而利合於主[11]，國之寶也[12]。(選自《地形篇》)

【注釋】

1 地形者，兵之助也：指地形的審用，是用兵作戰的重要輔助條件。按：這是孫子軍事地理思想的根本原則。助，輔助、輔佐。

2 料敵制勝：指正確地分析判斷敵人虛實強弱情況以奪取勝利。

3 計險厄遠近：指考察地形的險厄，計算道路的遠近。

4 上將：賢能、高明之將。

5 知此而用戰者必勝：知此，指懂得上述道理。用，為、由、以的意思。用戰，指揮作戰。

6 戰道必勝：戰道，作戰具備的各種條件，引申為戰爭的一般指導規律。戰道必勝，是根據戰爭規律分析，具備了必勝的把握。

7 主：指君主、國君。

8 必戰可也：言可自行決斷與敵開戰，無需聽從君命。

9 無戰可也：猶言拒絕君命，不同敵人交戰。

10 唯人是保：人，百姓、民眾。保，保全。此句意謂對個人的進退處置在所不計，只求保全民眾。

11 利合於主：指符合、滿足國君的利益。合，此為適合、符合的意思。

12 國之寶也：猶言國家的寶貴財富。

【簡評】

討論了將帥的素質之一是必須知曉地形，善於正確判斷敵情、積極掌握主動、考察地形險厄、計算道路遠近等，都是賢能的將領必須掌握的方法。最後指出，進不謀求戰勝的名聲，退不回避違命的罪責，只求保全民眾，而有利於國君的大業，這樣的將帥，才是國家的寶貴財富。

四

反情報

【原文】

兵者，詭道也。[1] 故能而示之不能，用而示之不用，近而示之遠，遠而示之近。利而誘之，亂而取之，實而備之，強而避之，怒而撓之，卑而驕之，佚而勞之，親而離之[2]，攻其無備，出其不意。[3] 此兵家之勝，不可先傳也。[4]（選自《計篇》）

【注釋】

1　詭道，詭詐之道。

2　「故」字後面至「親而離之」，習慣稱作「詭道十二法」。

3　傳本該句群共為八句，簡本則只有五句，缺少「卑而驕之，佚而勞之，親而離之」三句。《北堂書鈔》、《通典》及《太平御覽》等古籍，則或缺一句，或缺三句、四句，而且還有個別字句的差異，不知是各自所見版本有別，還是傳抄刻寫之誤。

4　勝，克敵制勝的奧秘。傳，講明。曹操注：「傳，猶泄也。」

【簡評】

用兵打仗是一種詭詐行為，上文總結了種種詭詐之術，也即「詭道十二法」。

【原文】

故不知諸侯之謀者，不能豫交[1]；不知山林、險阻、沮澤[2]之形者，不能行軍；不用鄉導[3]者，不能得地利。故兵以詐立[4]，以利動[5]，以分合為變[6]者也。（選自《軍爭篇》）

【注釋】

1 不知諸侯之謀者，不能豫交：謀，圖謀、謀劃。豫，通「與」，參與。豫交，即結交諸侯。一說「豫」作「預」，亦通。此句言如不知諸侯列國的謀劃、意圖，則不宜與其結交。

2 沮澤：指水草叢生的沼澤地帶。

3 鄉導：即嚮導，熟悉當地情況的帶路者。

4 兵以詐立：立，成立，此處指成功、取勝。此句言用兵打仗當以詭詐多變取勝。

5 以利動：言用兵打仗以利益大小為行動準則。

6 以分合為變：分，分散兵力；合，集中兵力。此句言用兵打仗應視不同情況而靈活處置兵力，或分散，或集中。

【簡評】

用兵打仗必須依靠詭詐多變來爭取成功，依據是否有利來決定自己的行動，按照分散或集中兵力的方式來變換戰術。

【原文】

故形人而我無形[1]，則我專而敵分[2]；我專為一，敵分為十，是以十攻其一也[3]，則我眾而敵寡。能以眾擊寡者，則吾之所與戰者約矣[4]。吾所與戰之地不可知[5]，不可知，則敵所備者多，敵所備者多，則吾所與戰者寡矣[6]。故備前則後寡，備後則前寡，備左則右寡，備右則左寡；無所不備，則無所不寡[7]。寡者，備人者也[8]；眾者，使人備己者也[9]。

（選自《虛實篇》）

【注釋】

1 故形人而我無形：形人，使敵人現形。形，此處作動詞，顯露的意思。我無形，即我方無形跡，「形」在此處為名詞。意為使敵人顯露實情而我方卻能隱蔽真形。

2 我專而敵分：專，專一、集中，此處指集中兵力。分，分散兵力。

3 是以十攻其一也：言我在局部上對敵擁有以十擊一的絕對優勢。

4 吾之所與戰者約矣：約，少、寡的意思。

5 吾所與戰之地不可知：言我準備與敵作戰之地點敵無從知曉。所與戰之地，指所準備與敵交戰的地點。

6 「不可知」至「則吾所與戰者寡矣」句：意謂我欲戰之地敵既無從知曉，則不得不多方防備，如此，則敵之兵力勢必分散；敵兵力既已分散，則與我局部交戰之敵就寡弱有限，較為容易被戰勝了。

7 無所不備，則無所不寡：此句言倘若不分主次平均使用力量，處處設防，必然是處處兵力寡弱，陷入被動。

8 寡者，備人者也：敵軍兵力之所以相對薄弱，在於分兵備敵。

9 眾者，使人備己者也：我方兵力之所以佔有相對優勢，是因為迫使敵人分兵備戰。

【簡評】

論述「形人而我無形」，主張在做好「形人」的同時，確保我方的「無形」，此外還論述了以十攻一、奪取戰爭主動權的辦法。

【原文】

孫子曰：昔之善戰者，先為不可勝[1]，以待敵之可勝[2]。不可勝在己，可勝在敵[3]。故善戰者，能為不可勝，不能使敵之可勝。故曰：勝

可知而不可為[4]。(選自《形篇》)

【注釋】

1 先為不可勝：為，造就、創造；不可勝，指我方不被敵人戰勝，即所謂「立於不敗之地」的意思。

2 以待敵之可勝：待，等待、尋找、捕捉的意思。敵之可勝，指敵人可能被我戰勝的時機。

3 不可勝在己，可勝在敵：創造不被敵人戰勝的條件，在於自己主觀的努力；而敵方是否能被戰勝，則取決於敵方自己的失誤，而非我方主觀所能決定。

4 勝可知而不可為：勝利可以預知，但敵人有無可乘之隙，戰而勝之，則不能由我方來決定。

【簡評】

論述創造條件、不被敵人戰勝的道理。

【原文】

不可勝者，守也；可勝者，攻也[1]。守則不足，攻則有餘[2]。善守者，藏於九地之下[3]；善攻者，動於九天之上[4]，故能自保而全勝[5]也。(選自《形篇》)

【注釋】

1 不可勝者，守也；可勝者，攻也：意為使敵人不能勝我，在於我方防守得宜；而戰勝敵人，則取決於我方進攻得當。

2 守則不足，攻則有餘：採取防禦，是由於處於劣勢；採取進攻，是因為擁有優勢。按，漢簡本此句作「守則有餘，攻則不足」，意為在同等兵力的情況下，用於防禦則兵力有餘，用於進攻則感到兵力不足。亦通。

3 善守者，藏於九地之下：九，虛數，泛指多數。九地，用於形容極深的地下。此句言善於防守的人，能夠隱蔽軍隊活動，如藏物於極深之地下，令敵方莫測虛實。此句另一種解釋為：善於防守者，能巧妙利用各種地形以為堅固防守，似不如前說為善。

4 善攻者，動於九天之上：九天，形容極高的天上。此句意謂善於進攻的人，進攻時能做到行動神速、突然，如自九霄而降，令敵猝不及防。又一說雲：善攻者，善於利用天時天候主動地選擇進攻時間。

5 自保而全勝：保全自己而戰勝敵人。

【簡評】

論述先保全自己，再奪取勝利的道理。

【原文】

故策之而知得失之計[1]，作之而知動靜之理[2]，形之而知死生之地[3]，角之而知有餘不足之處[4]。故形兵之極，至於無形[5]。無形，則深間不能窺，智者不能謀[6]。因形而錯勝於眾[7]，眾不能知；人皆知我所以勝之形[8]，而莫知吾所以制勝之形[9]。故其戰勝不復[10]，而應形於無窮[11]。（選自《虛實篇》）

【注釋】

1 策之而知得失之計：策：籌算，策度，用籌策計算。得失之計，敵我之優劣得失。

2 作之而知動靜之理：作：興起，這裏是挑動的意思。動靜之理，指敵人的活動規律。此言我挑動敵人藉以瞭解其活動的一般規律。

3 形之而知死生之地：形之，以偽形示敵。死生之地，指敵人之優勢所在或薄弱致命環節。地，同下句「處」，均非實指戰地。言以示形於敵的手段，來瞭解敵方的優劣環節。

4　角之而知有餘不足之處：角，較、量、校量。有餘，指實（強）之處。不足，指虛（弱）之處。

5　故形兵之極，至於無形：形兵，是指部署過程中的偽裝佯動。句意為我示形佯動臻於完善，則形跡俱無。

6　深間不能窺，智者不能謀：間，間諜。深間，指隱藏極深的間諜。窺，刺探、窺視。示形佯動達到最高境界，則敵之深間也無從摸測底細，聰明的敵人也束手無策。

7　因形而錯勝於眾：因，由、通過、依靠。因形，根據敵情而靈活應變。錯，同「措」，放置、安置的意思。

8　人皆知我所以勝之形：此言人們只見到我克敵制勝的情況。形，形狀、形態，此處指作戰的方式方法。

9　而莫知我所以制勝之形：言眾人無從得悉如何克敵制勝的內在奧妙與規律。制勝之形，取勝的奧妙、規律。

10　故其戰勝不復：復，重複。取勝的方法不重複，指作戰方法隨機制宜，靈活機動，不拘一格。

11　應形於無窮：應，適應。形，形狀、形態，此處特指敵情。

【簡評】

通過認真籌算、挑動敵人，以及佯動示形和小規模交鋒等方法，瞭解敵人兵力的虛實強弱。與此同時，也要做好反情報工作，讓敵軍無法窺察我方底細，想不出任何對策。

【原文】

是故屈諸侯者以害[1]；役諸侯者以業[2]；趨諸侯者以利[3]。（選自《九變篇》）

【注釋】

1　屈諸侯者以害：指用敵國所厭惡的事情去傷害它從而使它屈服。屈，屈服、屈從，此處作動詞用，制服之意。諸侯，此處指敵方、敵國。

2　役諸侯者以業：指用危險的事情去煩勞敵國使它疲於奔命。役，使、驅使的意思。業，此處特指危險的事情。

3　趨諸侯者以利：指用小利引誘調動敵人，使之奔走無暇。又一說，以利打動敵人使之歸附追隨自己。趨，奔赴、奔走，此處用作使動。

【簡評】

主張使用各種方法調動諸侯，奪取主動。

【原文】

凡為客之道[1]，深入則專[2]，主人不克[3]；掠於饒野[4]，三軍足食；謹養而勿勞[5]，並氣積力[6]，運兵計謀，為不可測[7]。投之無所往[8]，死且不北，死焉不得[9]，士人盡力。兵士甚陷則不懼[10]，無所往則固[11]，深入則拘[12]，不得已則鬥[13]。是故其兵不修而戒[14]，不求而得，不約而親[15]，不令而信[16]。禁祥去疑[17]，至死無所之[18]。吾士無餘財，非惡貨也；無餘命，非惡壽也[19]。令發之日，士卒坐者涕沾襟[20]，偃臥者涕交頤[21]。投之無所往者，諸、劌之勇也[22]。（選自《九地篇》）

【注釋】

1　為客之道：客，客軍，指離開本土進入敵境作戰的軍隊。道，規律、原則。

2　深入則專：專，齊心、專心。此言軍隊深入敵境作戰，就會齊心協力、意志專一。

3　主人不克：主人，處於防禦地位的一方，此處指在本土作戰的軍隊。克，戰勝。此句的意思是，在自己本土作戰的敵軍不能夠戰勝我軍。

4　掠於饒野：掠取敵方富饒田野上的莊稼。

5　謹養而勿勞：謹，注意、注重。養，休整。

6　並氣積力：並，合，引申為集中、保持的意思。積，積蓄。意謂保持士氣，積蓄戰鬥力量。

7　為不可測：使敵人無從判斷。測，推測、判斷。

8　投之無所往：投，投放、投置。意謂把軍隊投置於無路可走的絕境。

9　死焉不得：焉，疑問代詞，何、甚麼的意思。

10　兵士甚陷則不懼：士卒們深陷危險境地就不再恐懼。甚，很、非常的意思。

11　無所往則固：無路可走的情況下軍心就會穩固。固，堅固、牢固、穩固的意思。

12　深入則拘：拘，拘束、束縛。這裏引申為人心專一不會渙散。

13　不得已則鬥：迫不得已就會殊死戰鬥。

14　是故其兵不修而戒：修，修治、修明法令。戒，戒備、警戒。指士卒不待整治督促，就知道加強戒備。

15　不約而親：指不待約束就能做到內部的親近團結。約，約束。親，團結。

16　不令而信：指不待申令就能做到信任服從。信，服從、信從。

17　禁祥去疑：禁止占卜之類的迷信，消除謠言，以避免士卒產生疑惑。祥，吉凶的預兆，這裏指占卜之類的迷信活動。疑，疑惑、疑慮。

18　至死無所之：即便到死也不會逃避（動搖）。之，往。

19　吾士無餘財，非惡貨也；無餘命，非惡壽也：我軍士卒沒有多餘的錢財，這並不是他們厭惡財寶；沒有第二條命（卻去拚死作戰），這也並不是他們不想長壽。餘，多餘。惡，厭惡、討厭。貨，財寶、財物。壽，長壽、壽考。

20 士卒坐者涕沾襟：坐著的士卒熱淚沾滿衣襟。涕，眼淚。襟，衣襟。

21 偃臥者涕交頤：躺著的士卒則淚流面頰。偃，仰倒。頤，面頰。

22 諸、劌之勇也：像專諸和曹劌那樣英勇無畏。諸，專諸，春秋時吳國的勇士，用藏於魚腹的劍刺死吳王僚，自己也當場被殺。劌，曹劌，又名曹沫，春秋時期魯國武士。在齊、魯柯地（今山東東阿）會盟上持劍劫持齊桓公，迫使齊同魯訂立盟約，收回為齊所侵的魯國土地。

【簡評】

論述死地求生的各種注意事項，尤其是重視激發士兵的作戰潛能，讓他們處於無路可走的絕境，才能置生死於度外，像專諸、曹劌一樣勇敢。

【原文】

凡為客之道，深則專，淺則散[1]。去國越境而師者，絕地也[2]；四達者，衢地也；入深者，重地也；入淺者，輕地也；背固前隘者，圍地也[3]；無所往者，死地也。是故散地，吾將一其志[4]；輕地，吾將使之屬[5]；爭地，吾將趨其後[6]；交地，吾將謹其守[7]；衢地，吾將固其結[8]；重地，吾將繼其食[9]；圮地，吾將進其途[10]；圍地，吾將塞其闕[11]；死地，吾將示之以不活[12]。故兵之情，圍則禦[13]，不得已則鬥，過則從[14]。（選自《九地篇》）

【注釋】

1 深則專，淺則散：指在敵國國土上作戰，深入則士卒意志統一，鬥志專一，淺入則士卒離散。

2 去國越境而師者，絕地也：離開本國，越過邊界進行作戰的地區，叫作絕地。

3 背固前隘者，圍地也：背後地勢險要，前面道路狹隘，進退易受制於敵的地區，叫作圍地。

4 散地，吾將一其志：在散地作戰，我們要做到統一全軍的意志。一，統一。

5 輕地，吾將使之屬：在輕地作戰，我們要使部隊部署相互連接。屬，連接、相連。

6 爭地，吾將趨其後：在爭地作戰，我們要使後續部隊迅速跟進。

7 交地，吾將謹其守：遇到交地，我們將謹慎守衛。

8 衢地，吾將固其結：遇上衢地，我們要鞏固與諸侯國的結盟。

9 重地，吾將繼其食：在重地，我們要保障軍糧供給。繼，繼續，引申為保障、保持。

10 圮地，吾將進其途：遇上圮地，我們要迅速通過。

11 圍地，吾將塞其闕：陷入圍地，我們要堵塞缺口，迫使士卒不得不拚死作戰。闕，缺口。

12 死地，吾將示之以不活：到了死地，我們要向敵人顯示我方將士決一死戰的決心。

13 圍則禦：軍隊被包圍就會奮起抵禦。

14 不得已則鬥，過則從：迫不得已士卒就會奮起戰鬥，身陷絕境士卒就會聽從指揮。過，甚，這裏指深陷危境。從，聽從、服從指揮。

【簡評】

討論在敵國境內作戰的一般規律。與其他地理條件作戰不同，進入敵國境內越深，軍心就越是穩定鞏固，士卒陷入包圍就會竭力抵抗，形勢逼迫就會拚死戰鬥，身處絕境就會聽從指揮。

【原文】

是故不知諸侯之謀者，不能預交；不知山林、險阻、沮澤之形者，不能行軍；不用鄉導者，不能得地利[1]。四五者，不知一，非霸王之兵也[2]。夫霸王之兵，伐大國，則其眾不得聚[3]；威加於敵，則其交不得合[4]。是故不爭天下之交[5]，不養天下之權[6]，信己之私[7]，威加於敵，故其城可拔，其國可隳[8]。施無法之賞[9]，懸無政之令[10]，犯三軍之眾[11]，若使一人。犯之以事，勿告以言[12]；犯之以利，勿告以害[13]。投之亡地然後存，陷之死地然後生[14]。夫眾陷於害，然後能為勝敗[15]。故為兵之事，在於順詳敵之意[16]，並敵一向[17]，千里殺將，此謂巧能成事者也。（選自《九地篇》）

【注釋】

1 「是故」至「不能得地利」句：已見於前《軍爭篇》，疑係衍文。

2 四五者，不知一，非霸王之兵也：此言九地的利害關係，有一不知，就不能成為霸、王的軍隊。「四五者」，曹操注為「謂九地之利害」。

3 則其眾不得聚：指敵國軍民來不及動員和集中。聚，聚集、集中。

4 威加於敵，則其交不得合：指用強大的兵威施加到敵人的頭上，那麼它在外交上也就無法聯合與國了。

5 是故不爭天下之交：指沒有必要爭著和其他的國家結交。

6 不養天下之權：養，培養、培植。此句意為沒有必要在其他的國家裏培植自己的權勢。一說，「不」當為「必」，似有道理，可惜沒有證據。

7 信己之私：信，伸、伸展。私，私志、意圖。此句謂當伸張自己的戰略意圖。

8 威加於敵，則其城可拔，其國可隳：指兵威施加於敵，則可以攻拔敵國的城邑，摧毀敵人的國都。隳，音灰，毀壞、摧毀的意思。國，都城。春秋時的「國」，一般都是指大城邑或國都。

9 施無法之賞：意謂施行超出慣例的獎賞，即所謂的法外之賞。無法，不合慣例、超出規定的意思。

10 懸無政之令：謂頒佈打破常規的命令。無政，即無正，指不合常規。

懸，懸掛，引申為頒發、頒佈。

11　犯三軍之眾：犯，使用。一說為調動。此句意為指揮三軍上下行動。

12　犯之以事，勿告以言：犯，用。之，指士卒。事，指作戰。言，指謀慮、實情。意為驅使士卒參戰，但不要說明任務的意圖。

13　犯之以利，勿告以害：意謂驅使士卒進行戰鬥時，只告訴其有利的條件，而不告訴其任務的危險性。

14　投之亡地然後存，陷之死地然後生：將軍隊置於危亡之地，然後可以保存；使軍隊陷入死絕之地，然後可以生存。

15　夫眾陷於害，然後能為勝敗：謂只有把軍隊投置於險惡境地，才能取勝。害，害處，指惡劣處境。勝敗，指取勝、勝利，這是偏正結構用法。

16　在於順詳敵之意：順，通「慎」，謹慎的意思（據楊炳安《孫子會箋》說）。詳，當訓「審」，詳細考察。此句意為用兵作戰要做到審慎地考察敵人的意圖。一說，是指假裝順從敵人的意圖。亦通。

17　並敵一向：指集中兵力攻向敵人的一點。

【簡評】

論述伸展己方戰略意圖的注意事項，以及將士卒投置於危地，才能轉危為安，讓他們奮起拚殺贏得勝利的道理。

【原文】

是故政舉之日[1]，夷關折符[2]，無通其使[3]，厲於廊廟之上，以誅其事[4]。敵人開闔[5]，必亟入之。先其所愛[6]，微與之期[7]。踐墨隨敵[8]，以決戰事[9]。是故始如處女，敵人開戶[10]；後如脫兔，敵不及拒[11]。（選自《九地篇》）

【注釋】

1　政舉之日：政，指戰爭行動。舉，指實施、決定。

2　夷關折符：意即封鎖住關口，廢除通行的憑證。夷，削平，此處引申為封鎖。折，折斷，這裏可以理解為廢除。符，泛指通行憑證。古時以木、竹、銅等材料做成的牌子，上書圖文，分為兩半，用作傳達命令、調兵遣將和通行關界的憑證。

3　無通其使：不同敵國的使節相往來。使，使節。

4　厲於廊廟之上，以誅其事：謂在廟堂上反復推敲計議，來決定戰爭行動事宜。厲，同「礪」，本義為磨刀石。此處意為反復推敲、計議。廊廟，即廟堂，喻指最高決策機構。誅，曹操注：「誅，治也。」意為研究決定。

5　敵人開闔：敵人敞開門戶，指敵人有隙可乘之時。闔，門扇。

6　先其所愛：指首先攻取敵之關鍵要害處，以爭取主動。愛，珍愛、寶貴，指要害。

7　微與之期：不要事先與敵人約期交戰。微，無、毋的意思。之，指敵人。期，約期。

8　踐墨隨敵：指避免墨守成規，而要隨著敵情的變化來決定作戰行動。

9　以決戰事：以解決戰爭勝負問題，即求得戰爭的勝利。

10　始如處女，敵人開戶：軍事行動開始之前，要做到如同處女一樣沉靜柔弱，誘使敵人放鬆戒備。開戶，開門，此處指鬆懈戒備。

11　後如脫兔，敵不及拒：戰鬥一旦打響，就要像脫逃的兔子一樣迅速，使得敵人來不及抗拒。

【簡評】

論述了決定戰爭方略時的注意事項，比如封鎖關口，廢除通行符證，不允許敵國使者往來，在廟堂裏反復秘密謀劃等等。一旦戰鬥打響，就要像脫逃的野兔一樣行動迅速，使敵人措手不及，無從抵抗。

【原文】

紛紛紜紜[1]，鬥亂而不可亂也[2]；渾渾沌沌[3]，形圓而不可敗也[4]。亂生於治[5]，怯生於勇[6]，弱生於強[7]。治亂，數也[8]；勇怯，勢也；強弱，形也。故善動敵者[9]，形之[10]，敵必從之；予之，敵必取之；以利動之，以卒待之[11]。（選自《勢篇》）

【注釋】

1 紛紛紜紜：紛紛，紊亂無序。紜紜，眾多且混亂。此處指旌旗雜亂的樣子。

2 鬥亂而不可亂也：鬥亂，謂在紛亂狀態中指揮作戰。不可亂，做到從容鎮靜，有序不亂。

3 渾渾沌沌：混亂迷蒙的樣子。形容戰場上塵土飛揚，迷茫一片。

4 形圓而不可敗也：形圓，指擺成圓陣，保持態勢，周到部署，首尾連貫，與敵作戰應付自如。

5 亂生於治：於，此處作根據解。意謂示敵混亂，是由於有嚴整的組織。又一說，混亂產生於嚴整之中。

6 怯生於勇：示敵怯懦，是由於自己具備勇敢的素質條件。又一說，「怯」可以由「勇」產生。

7 弱生於強：示敵弱小，是由於本身擁有強大的實力。另一說，「弱」可以由「強」產生。

8 治亂，數也：數，即前言之「分數」，指軍隊的組織編制。句意為軍隊的整治或混亂，決定於組織編制是否有序。

9 故善動敵者：動敵，調動敵人。

10 形之：形，用作動詞，即示形，示敵偽形，指以假像迷惑、欺騙敵人，使其判斷失誤，為我所乘。

11　以卒待之：用重兵伺機破敵。卒，士卒，此處可理解為伏兵、重兵。

【簡評】

在混亂之中作戰也要做到軍隊整齊不亂，同時也善於通過偽裝假象以迷惑敵人，用小利來引誘敵人，想方設法積極調動敵人，再預備重兵伺機襲擊。

【原文】

《軍政》[1]曰：「言不相聞，故為金鼓[2]；視不相見，故為旌旗[3]。」夫金鼓、旌旗者，所以一人之耳目也[4]。人既專一[5]，則勇者不得獨進，怯者不得獨退，此用眾之法也[6]。故夜戰多火鼓，晝戰多旌旗，所以變人之耳目也[7]。（選自《軍爭篇》）

【注釋】

1　《軍政》：上古兵書，已失傳。

2　言不相聞，故為金鼓：為，設、置。金鼓，古代用來指揮軍隊進退的號令器具，擂鼓進兵，鳴金收兵。

3　視不相見，故為旌旗：旌旗，泛指旗幟。

4　所以一人之耳目也：意謂金鼓旌旗之類，是用來齊一部卒的視聽、統一軍隊的行動。人，是指士卒、軍隊。一，統一、齊一。

5　人既專一：專一，一致、同一，謂士卒皆聽遵號令服從指揮。

6　此用眾之法也：用眾，動用、驅使眾人，也即是指揮人數眾多的軍隊。法，法則、方法。

7　夜戰多火鼓，晝戰多旌旗，所以變人之耳目也：變，適應。此句意為根據白天和黑夜的不同情況來變換指揮信號，以適應士卒的視聽需要。

【簡評】

利用金鼓、旌旗，統一部隊視聽。夜間作戰多用火光、鑼鼓，白晝作戰多用旌旗，這都是出於統一視聽的需要。

【原文】

將軍之事[1]，靜以幽[2]，正以治[3]。能愚士卒之耳目，使之無知[4]。易其事，革其謀，使人無識[5]。易其居，迂其途，使人不得慮[6]。帥與之期，如登高而去其梯[7]。帥與之深入諸侯之地，而發其機[8]，焚舟破釜[9]，若驅群羊，驅而往，驅而來，莫知所之。聚三軍之眾，投之於險[10]，此謂將軍之事也。九地之變，屈伸之利[11]，人情之理，不可不察。（選自《九地篇》）

【注釋】

1　將軍之事：將，此處作動詞用，主持、指揮的意思。

2　靜以幽：靜，沉著冷靜。以，同而。幽，幽深莫測。

3　正以治：謂嚴肅公正而治理得宜。正，嚴正、公正。治，治理、有條理。

4　能愚士卒之耳目，使之無知：指能夠蒙蔽士卒，使他們不能知覺。愚，蒙蔽、矇騙。

5　易其事，革其謀，使人無識：變更正在做的事情，改變計謀，使他人無法識破。易，變更。革，改變、變置。

6　易其居，迂其途，使人不得慮：變換駐防的地點，迂回行軍的路綫，使敵人無法圖謀。慮，圖謀。

7　帥與之期，如登高而去其梯：將帥賦予軍隊作戰任務的同時，要斷絕其歸路，迫使士卒們勇往直前。帥，將帥。期，約定時間。與之期，指與部隊約定赴戰，即向部下賦予戰鬥任務。

8 帥與之深入諸侯之地，而發其機：將領統領軍隊深入敵國腹地，如擊發弩機射出箭鏃一般筆直向前。而，如、如同。

9 焚舟破釜：指燒掉舟船，打碎炊具，以示決一死戰之意。釜，鍋。

10 聚三軍之眾，投之於險，此謂將軍之事也：集結全軍，把他們投置到險惡的絕地，這就是指揮軍隊作戰中的要事。

11 九地之變，屈伸之利：指對不同地理條件的應變處置，使軍隊的進退得宜。屈，彎曲。伸，伸展。屈伸，指部隊的前進或後退。

【簡評】

論述了在死地作戰時，指揮部隊的注意事項，那就是沉著冷靜而又幽邃莫測，公正嚴明而有條不紊，以顯示死戰的決心。對待士卒，則如同驅趕羊群一樣，趕過去又趕過來，使他們不知道要到哪裏去。尤其是將其投置於險惡的境地，激發他們的作戰潛能。

主要參考書目

一、著作類

1. 《馬克思恩格斯選集》，北京：人民出版社，1972 年。
2. 《馬克思恩格斯軍事文集》，北京：戰士出版社，1981 年。
3. 《馬克思恩格斯列寧斯大林軍事文選》，北京：軍事科學出版社，1991 年。
4. 《毛澤東選集》（1-4 卷），北京：人民出版社，1991 年。
5. 《中國兵書集成》，北京：解放軍出版社；瀋陽：遼瀋書社，1993 年。
6. 《孫子集成》，濟南：齊魯書社，1992 年。
7. 陸達節：《孫子考》，重慶：重慶軍用地圖社石印本；濟南：齊魯書社，1992 年。
8. 郭化若：《孫子譯注》，上海：上海古籍出版社，1984 年。
9. 吳如嵩：《〈孫子兵法〉新論》，北京：解放軍出版社，1989 年。
10. 吳如嵩：《〈孫子兵法〉淺說》，北京：解放軍出版社，1999 年。
11. 吳如嵩：《〈孫子兵法〉新說》，北京：解放軍出版社，2008 年。
12. 吳如嵩主編：《孫子新探：中外學者論孫子》，北京：解放軍出版社，1990 年。
13. 吳九龍主編：《孫子校釋》，北京：軍事科學出版社，1990 年。
14. 魏汝霖：《孫子今注今譯》，台北：台灣商務印書館，1972 年。
15. 李零：《兵以詐立》，北京：中華書局，2006 年。
16. 李零：《孫子十三篇綜合研究》，北京：中華書局，2006 年。
17. 李零：《〈孫子〉古本研究》，北京：北京大學出版社，1995 年。

18. 楊丙安校理：《十一家注孫子校理》，北京：中華書局，1999 年。
19. 楊炳安：《孫子會箋》，鄭州：中州古籍出版社，1986 年。
20. 于汝波主編：《孫子兵法研究史》，北京：軍事科學出版社，2001 年。
21. 于汝波主編：《孫子文獻學提要》，北京：軍事科學出版社，1994 年。
22. 吳如嵩、黃樸民等：《戰國軍事史》，北京：軍事科學出版社，1998 年。
23. 黃樸民：《〈孫子兵法〉解讀》，北京：中國人民大學出版社，2008 年。
24. 黃樸民、高潤浩：《〈孫子兵法〉新讀》，長春：長春出版社，2008 年。
25. 黃樸民：《先秦兩漢兵學文化研究》，北京：中國人民大學出版社，2010 年。
26. 黃樸民：《春秋軍事史》，北京：軍事科學出版社，1998 年。
27. 鈕先鍾：《孫子三論》，桂林：廣西師範大學出版社，2003 年。
28. 王顯臣、許保林：《中國古代兵書雜談》，北京：解放軍出版社，1985 年。
29. 許保林：《中國兵書通覽》，北京：解放軍出版社，2002 年。
30. 雷海宗：《中國文化與中國的兵》，北京：商務印書館，2001 年。
31. 中國軍事史編寫組：《中國歷代軍事戰略》，北京：解放軍出版社，2006 年。
32. 中國軍事史編寫組：《武經七書譯注》，北京：解放軍出版社，1986 年。
33. 中國軍事史編寫組：《中國軍事史・兵家》，北京：解放軍出版社，1990 年。
34. 糜振玉主編：《中國軍事學術史》，北京：解放軍出版社，2008 年。
35. 鈕先鍾：《中國古代戰略思想新論》，合肥：安徽教育出版社，2005 年。
36. 姜國柱：《中國軍事思想通史》，北京：中國社會科學出版社，2006 年。
37. 姜國柱：《中國軍事思想簡史》，北京：新世界出版社，2006 年。
38. 姜國柱：《道家與兵家》，北京：西苑出版社，1998 年。
39. 趙國華：《中國兵學史》，福州：福建人民出版社，2004 年。
40. 史美珩：《古典兵略》，瀋陽：遼寧教育出版社，1993 年。
41. 謝祥皓：《中國兵學》，濟南：山東人民出版社，1998 年。
42. 陳高華等：《中國軍事制度史》，鄭州：大象出版社，1997 年。
43. 張曉軍主編：《〈武經七書〉軍事情報思想研究》，北京：軍事科學出版社，2001 年。
44. 儲道立、熊劍平：《中國古代情報史論稿》，銀川：寧夏人民出版社，2010 年。
45. 熊劍平、儲道立：《中國古代情報史》，北京：金城出版社，2016 年。

46. 熊劍平：《暗影：中國古代的刺客與間諜》，北京：中華書局，2015 年。
47. 佐藤堅司：《孫子研究在日本》，北京：軍事科學出版社，1993 年。
48. 服部千春：《孫子兵法校解》，北京：軍事科學出版社，1987 年。
49. 謝爾曼．肯特著，劉薇、肖皓元譯：《戰略情報：為美國世界政策服務》，北京：金城出版社，2012 年。
50. 馬克．洛文塔爾著，杜效坤譯：《情報：從秘密到政策》，北京：金城出版社，2015 年。
51. 羅伯特．克拉克著，馬忠元譯：《情報分析：以目標為中心的方法》，北京：金城出版社，2013 年。

二、論文類

1. 齊思和：《〈孫子兵法〉著作時代考》，載《燕京學報》，北京：哈佛燕京學社，1939 年，第 26 期。
2. 藍永蔚：《〈孫子兵法〉時代特徵考辨》，載《中國社會科學》，北京：中國社會科學雜誌社，1987 年，第 3 期。
3. 吳如嵩、魏鴻：《漢簡兩〈孫子〉與〈孫子兵法〉研究》，載《軍事歷史》，北京：軍事歷史雜誌社，2002 年，第 1 期。
4. 楊丙安、陳彭：《孫子兵學源流述略》，載《文史》，北京：中華書局，1986 年，第 27 輯。
5. 李零：《現存宋代〈孫子〉版本的形成及其優劣》，載《文史集林》，西安：陝西省社會科學院出版發行室，1985 年，第 2 輯。
6. 于汝波：《孫子學文獻述論》，載《軍事歷史研究》，北京：中國人民解放軍國防大學國家安全學院，1993 年，第 4 期。
7. 彭理中：《知彼知己論》，載《情報雜誌》，西安：陝西省科學技術情報研究院，1991 年，第 2 期。
8. 彭理中：《孫子情報理論補遺》，載《情報雜誌》，西安：陝西省科學技術情報研究院，1995 年，第 3 期。
9. 裘錫圭：《〈孫子．用間〉校讀一則》，載《中原文化研究》，鄭州：河南省社會科學院，2017 年，第 3 期。

10. 黃樸民：《齊文化與先秦軍事思想的發展》，載《學術月刊》，上海：上海市社會科學聯合會，1997 年，第 11 期。
11. 黃樸民：《諸子學説與戰國兵書文化精神的構建》，載《浙江社會科學》，杭州：浙江省社會科學界聯合會，1996 年，第 5 期。
12. 張曉軍、許嘉：《「知」與〈孫子兵法〉的理論體系》，載《濟南大學學報》，濟南：濟南大學，2001 年，第 1 期。
13. 孫建民：《早期兵學文化與孫子軍事情報思想的形成》，載《濱州學院學報》，濱州：濱州學院，2007 年，第 5 期。
14. 孫建民：《孫子與克勞塞維茨軍事情報思想比較》，載《濱州學院學報》，濱州：濱州學院，2009 年，第 1 期。
15. 孫建民：《〈孫子兵法〉軍事情報思想初探》，載《解放軍外國語學院學報》，北京：解放軍外國語學院，1998 年，第 3 期。
16. 孫建民、王謙：《孫子「無所不用間」思想發微》，載《濱州學院學報》，濱州：濱州學院，2011 年，第 4 期。
17. 高金虎：《論孫子的情報思想體系》，載《濱州學院學報》，濱州：濱州學院，2008 年，第 4 期。
18. 高金虎：《試論克勞塞維茨的情報思想——兼與孫子情報思想對比》，載《德國研究》，上海：同濟大學德國問題研究所，2008 年，第 4 期。
19. 吳榮政：《孫子的軍事情報思想》，載《貴州社會科學》，貴陽：貴州社會科學院，1997 年，第 2 期。
20. 謝川豫：《〈孫子〉和〈吳子〉中的軍事情報思想比較》，載《情報雜誌》，西安：陝西省科學技術情報研究院，2004 年，第 1 期。
21. 王鑫：《〈孫子兵法〉在競爭情報分析中的運用》，載《情報探索》，福州：福建省科學技術協會，2010 年，第 12 期。
22. 王知津、劉念：《論〈孫子兵法 · 計篇〉在競爭情報中的運用》，載《情報探索》，福州：福建省科學技術協會，2009 年，第 9 期。
23. 王竹婷：《從〈孫子〉的角度對克勞塞維茨軍事情報思想的現時代批判》，載《武警學院學報》，廊坊：中國人民武裝警察部隊學院，2012 年，第 9 期。
24. 任俊為：《試論〈孫子〉的軍事情報思想》，載《現代情報》，北京：中國科學技術情報學會；長春：吉林省科學技術信息研究所，1996 年，第 5 期。

25. 汪濤：《孫子軍事欺騙思想對美國情報理論研究的影響》，載《濱州學院學報》，濱州：濱州學院，2012 年，第 2 期。

26. 賀千珊：《〈孫子兵法〉中「知」的思想在情報戰中的運用》，載《遼寧工程技術大學學報（社會科學版）》，阜新：遼寧工程技術大學，2010 年，第 1 期。

27. 鄒永初：《孫子「知戰」思想探析》，載《濱州學院學報》，濱州：濱州學院，2012 年，第 1 期。

28. 熊劍平、儲道立：《孫子的戰略情報分析思想》，載《濱州學院學報》，濱州：濱州學院，2011 年，第 1 期。

29. 熊劍平：《日本對〈孫子．用間篇〉的研究與應用》，載《濱州學院學報》，濱州：濱州學院，2011 年，第 3 期。

30. 熊劍平：《日本的〈孫子〉研究》，載《軍事歷史研究》，北京：中國人民解放軍國防大學國家安全學院，2011 年，第 2 期。

31. 熊劍平：《〈孫子〉的情報思想》，載《孫子研究》，濟南：山東出版傳媒股份有限公司；濟南：山東孫子研究會，2013 年第 3 期。

32. 熊劍平：《〈孫子〉的「知論」及影響》，載《孫子研究》，濟南：山東出版傳媒股份有限公司；濟南：山東孫子研究會，2015 年，第 1 期。

33. 熊劍平：《宋代注家對〈孫子〉情報思想的研究》，載《孫子研究》，濟南：山東出版傳媒股份有限公司；濟南：山東孫子研究會，2015 年第 3 期。

34. 熊劍平：《孫子情報分析理論的維度建構》，載《解放軍國際關係學院學報》，南京：中國人民解放軍國防科技大學國際關係學院，2016 年，第 6 期。

後　記

這本小書是在授課講義的基礎上修改而成，雖然譾陋，但也凝聚了我一段時間的心血和記憶。博士畢業幾年來，我一直為本校研究生講授情報史類課程，因為對《孫子兵法》稍微熟悉一些，便選定該書作為專題，為學生解析這本兵書的情報思想。在這期間，受廣大同學們的鼓勵和支持，課時越積越多，講稿越寫越長，於是便有了這本小書的誕生。所以，首先要感謝學院為我提供了這樣的教學平台，感謝眾多學生的熱情鼓勵和大力支持。拙作能有機會出版，離不開國際關係學院領導和同事們的支持和關心。藉此機會，向他們表達我真誠的謝意！

碩士生導師儲道立先生、博士生導師黃樸民先生，一直非常關心和支持我的研究工作，我的不少學術觀點都是受到老師們的啟發，甚至是照單襲用，只能說是對老師所論做了一些不太稱職的注釋工作而已。至於那些離經叛道的荒誕之論，則是出於自己異想天開的創造，希望老師能夠繼續寬容相待，同時也希望讀者朋友們明鑒。我所取得的點滴進步，都是業師不斷鞭策和勉勵的結果，藉此機會表示誠摯的謝意！

由於筆者水平有限，錯誤一定不在少數，期待大家的批評指正。

熊劍平記於南京
2019 年 8 月 20 日

策劃編輯　　梁偉基
責任編輯　　徐楊烽
書籍設計　　陳小巧

書　　名　　孫子兵法裏的諜報術
著　　者　　熊劍平
出　　版　　三聯書店（香港）有限公司
香港北角英皇道 499 號北角工業大廈 20 樓
Joint Publishing (H.K.) Co., Ltd.
20/F., North Point Industrial Building,
499 King's Road, North Point, Hong Kong
香港發行　　香港聯合書刊物流有限公司
香港新界荃灣德士古道 220-248 號 16 樓
印　　刷　　美雅印刷製本有限公司
香港九龍觀塘榮業街 6 號 4 樓 A 室
版　　次　　2021 年 6 月香港第一版第一次印刷
規　　格　　16 開（168 × 230 mm）296 面
國際書號　　ISBN 978-962-04-4745-7